人権侵害と戦争正当化論

神戸　修

明石書店

人権侵害と戦争正当化論◎目次

第二章　日本における戦争正当化論成立の前提

第三章　再び「〝くに〟という宗教教団」

第四章　人権侵害について

【付　録】

まえがき

　前著『人権理解の視座―自立と自律を求めて―』（明石書店二〇〇二年）の意図は、差別や戦争の分析を通じて、日本における人権侵害の方法が、人間の自立と自律、そして自立した人間の連帯である自治の破壊であることを明らかにすることでした。そして、その作業のキーワードは「宗教」でした。今回は、主として戦争の問題をとりあげたいと思います。

　やや詳しく言えば、戦争においては国家神道がその中核を形成しているということ、すなわち、天皇を頂点とする日本という〝くに〟自体が一つの巨大な宗教教団であるということが、戦争遂行体制をより容易にまた強固にすることにつながっていたということです。権力は、人間の自立を破壊し、みずから考えることを放棄させることによって人権侵害を可能にしたということです。そしてその思考放棄において、宗教が大きな役割を果たしたわけです。

　最大の人権侵害は戦争、なかんずく、侵略戦争です。人権侵害とは人間を破壊する行為なのですが、戦争は命を破壊する究極の人権侵害です。侵略され殺される側はもちろん、侵略する側、すなわち殺す側にとってもそれは悲劇というほかありません。誰しも殺され殺すことを望んではいないのに、なぜこの人権侵害が繰り返されるのでしょうか。無論、戦争を望む人たちはいます。でもその人たちは少数です。しかし、少数の人だけで戦争はできません。だからして、「殺す」という人権侵害を大量に組織的に行うには、「人権侵害を望んでいない人」を「人権侵害を望む人」に大規模に変質させることが要求されます。そこに戦争正当化論（JUST WAR THEORY）が生まれる必然性があります。そして戦争が最大の人権侵害であるならば、戦争正当化論こそは最大の人権破壊思想というべきでしょう。

現在、人権をめぐる状況は予断を許しません。二〇〇三年五月一五日に、「有事法制」案が衆議院を通過しました。さらに、その動きと表裏一体のものとして、そこに至る重要な道程としての、「新しい教科書」や「国旗・国家法」、あるいは森首相の「日本は天皇を中心とした神の国」発言（二〇〇〇年五月一五日）、さらに二〇〇二年八月一三日の小泉首相の靖国神社公式参拝の問題なども看過できない問題です。

そして第二次「湾岸戦争（イラク戦争）」。石油利権をめぐる大国アメリカのエゴイズムが指摘されましたが、そこには、今後世界をアメリカンスタンダードで支配しようとするアメリカの国際戦略が見え隠れしています。そして、国際世論の強い非難を浴びながら強行されたこの戦争に、日本は全面的に賛成・協力しました。現在、日本のみならず、世界中で、戦争をめぐるさまざまの動きが活発化しています。「戦争こそが最大の人権侵害である」という立場を、いまこそ主張すべきときでしょう。

こういった新たな状況を視野に入れ、本書では「現代の戦争正当化論」を中心にして、ふたたび人権の問題に切り込んでいきたいと思います。

第一章では、「アメリカの戦争正当化理論」としてS・ハンチントンの「文明の衝突」をとりあげたいと思います。ハンチントンのこの議論を「戦争正当化論」として読むということは、あまりなされていませんが、アメリカの世界戦略とその発動としての「イラク攻撃」を理解する重要な視点ではないかと思います。

第二章では、「日本の戦争正当化論成立の前提」として、第三章の問題と表裏一体のものとして、「心の総動員体制」としての「愛国心教育」の問題をとりあげたいと思います。宗教の定義には、大きく「人間と超越的な存在との関係に関する信念」と「究極的なものへの究極的な関心」との二つがあります。靖国思想が前者にかかわって、「英霊」という「超越的存在」を提示するという形で戦争を正当化するのに対して、「愛国心教育」は後者にかかわって、「究極的な関心を国家にむける」という形で戦争を正当化するわけです。どちらも「宗教」が大きな役割を果たしています。「日の丸・君が代」の強制をはじめ、現在も、「究極的な関心を国にむける」ことを意図した「愛国心教育」が強制されつつありますが、具体的にはこの作業は、二〇〇一年に文部科学省が発行した、『心のノート』の分析を通じて明らかにしていきます。「愛国心教育」そのものが戦争正当化論というのではありませんが、戦争動員体制の確立において、それは不可欠の前提をなしています。

第三章では、第一章の分析を踏まえ、「日本の戦争正当化論（国家神道）」として、ふたたび国家神道の問題を捉えたいと思います。これは前回の議論の確認も含みますが、今述べたような新たな日本の状況を視野にいれて、それを理解するような土台として捉え直したいと思います。

第四章で、人権と人権侵害について、総論的な概観をしておきました。私の人権に対する考えのアウトラインを提示してあります。読者はむしろこの章を最初に読まれてもよいと思います。

最大の人権侵害正当化論としての「戦争正当化論（JUST WAR THEORY）」。これが私の人権論の出発点であり、帰結点です。それはまた逆に、最大の人権侵害である戦争を抑止するにあたっては、勢力の均衡だとか、核の抑止力だとか、まして「安保体制」などではなく、人権を徹底して護るということこそが、そのための最も大きな力となる、ということでもあります。私が本当に言いたいのは、実はこのことにほかなりません。この本を読まれた皆さん一人一人に、このメッセージが届くことを願ってやみません。

第一章　戦争正当化論

一　戦争正当化論とは

1　内　容

私は、前著『人権理解の視座―自立と自律を求めて―』で、戦争こそが最大の人権侵害であると主張しました。人権とは、「安全と尊厳と自由」が奪われることです。戦争は、とりわけ大切な安全を破壊し、命そのものが奪われるという、究極の人権侵害をもたらします。しかもそれが組織的に、またある種の「正義」をともなって遂行されます。こういった戦争を何らかの理由を付けて正当化（「仕方がない」という諦めをもたらすことも含めて）するのが「戦争正当化論」です。ところで、「戦争」と言う場合、いろいろな形態があります。

1　内戦。特定の権力が国内での支配権を獲得するための戦争。しばしば苛酷な粛清を伴う。
2　レジスタンス。他国の支配や侵略に抵抗するための戦争。二〇世紀にはしばしば「民族独立戦争」として闘われた。
3　海外出兵。自国に有利な政権を打ち建てるため、あるいは維持するために国外に派兵すること。

4　侵略戦争。武力によって他国の資源を強奪し、労働力を収奪し、あるいは植民のための土地を確保する戦争。

5　帝国主義戦争。侵略をする国どうしがその「わけまえ」をめぐって争う戦争。

ここで議論する「戦争」は4番目（付帯的なものとして当然3番目と5番目を含む）のことです。こういう戦争を、たとえば、「人間を超えた神の命令」であるとか、あるいは「人間のコントロールの及ばない自然の力」だとか、さらに戦争は政治の延長で、主権国家の当然の権利、あるいは道徳的には非難されるが「必要悪」だなどと、正当化するわけです。こういった戦争正当化論は、さまざまな時代にさまざまな形で存在するのですが、その主張に共通しているのは、なによりも第一に、「戦争はなくならない」ということです。世界は常に対立し衝突するものだ、ということを、手を変え品を変え主張するわけです。戦争をなくそうなどというのは無駄な努力である、というメッセージを発信し続けることが、その役目です。

第二に、個々の戦争の具体的な分析を放棄させる、ということです。戦争というのは、その原因、背後関係、利益関係、あるいは最近では軍産複合体の問題など、実にさまざまで、これらの事柄が複雑に絡み合って遂行されます。こういった縺《もつ》れた糸を解《ほぐ》す努力を、意図的にしないということです。具体的にいうと、まず、一般論への解消です。個々のケースにそくした分析をせずに、たとえば、戦争は「近代文明の行き詰まりの結果」（京都学派）だとか、「文明の衝突」（S・ハンチントン）だとか、「歴史を貫く適者生存法則の発現」（社会ダーウィニズム）だとか、そんな十把一からげで解釈するわけです。これでは、戦争は、個人の意志を超えた運命のようになってしまいます。

また、現在では、人間の「脳」の分析から出発して、民族紛争や宗教対立を、結局は「人間は自分の理解できることや理解したいことのみを理解する」として、人間のエゴイズムの衝突に還元する議論があります。この類《たぐ》いの議論のもつ問題点は、（1）「理解しあえない＝対立する」という乱暴な同一化、（2）対立の要因の分析、特に歴史的背景の分析を放棄する、（3）対立者のどちらかが国際法のルールや同義的基準を無視したことによって起こる「民族紛争」の仮面をかぶった対立（たとえば「パレスチナ問題」はユダヤ教徒とイスラム教徒の相互理解の欠落に起因するのではなく、大国の支配と無責任や明らかなイスラエルの国際法を無視した暴挙による）を、「どちらも同じように悪い」としてしまい、責任の所在を隠してしまう、ということです。これは養老孟司氏が『バカの壁』（新潮新書二〇〇三年）という本で主張していることですが、たくさん売れており、「目からウロコで感激です！」といった読者もいるようなので、看過できない問題であります。しかし、「異なる要因」を「脳」にするか「文明」にするかの相違だけで、養老氏もハンチントンも、「人間は異なる存在であって衝突は避けられない」という、表層的な主張を繰り返すことにおいてあまりかわりません。

また、戦争の具体的な原因やそこにからむ利害関係の分析を放棄させる、ということでいえば、戦争を情緒世界へ解消するという場合もあります。戦死した兵士や特攻隊員の遺書などを持ち出して、若い彼らが涙をのんで死んで行かねばならなかった原因を問い、その社会的意味や結果を検証するのではなく、ひたすら「国のために命を捨てる潔さ」を称賛し、その行為の意味を、一種の美意識（「同期の桜！」）や道徳（「何かのために命をかけるのは偉い！」）に解消することなどがあげられるでしょう。こういった悲劇（特攻隊などの）は、その行為が社会的・歴史的文脈において位置づけられなければ、容易に「仇をとれ！」という感情に結び付き、新たな対立を生む危険をさえもたらします。

戦争正当化論というと、何かまとまった体系的な理論のようなものを想像してしまいますが、決してそれだけでなく、日常の暮らしの中のなにげない言説にもそれは潜んでいるわけです。戦争正当化論は、政治家がプロパガンタとして形成することもあれば、個々の「学者」が「学問的に」体系化することもあります。また日本の国家神道のように、国家組織そのものの一部として組み入れられ、それが公教育を通じて刷り込みされるという場合もあります。またそのことによって、一般国民が心情として持ったり、あるいは社会的な風潮として流布することもあります。

2　意　図（戦争から利益を得る人々がいる）

さきほど、「戦争の具体的な分析をしない」ということをあげましたが、具体的な戦争の原因として、そこに利害関係がからんでいることは、しばしば看過されます。好戦的雰囲気を盛り上げたい側の人間にとって、その戦争が一部の人間の利益のためのビジネスだということが、国民に流布することほど厄介なことはないでしょう。「総力戦」において、一丸となるはずの国民が、「得する者・損する者」あるいは「利用する者・利用される者」に分裂するのは、都合が悪い。戦争正当化論は、戦争が「利害の体系」であることを否定することを、まず要求されます。

戦争が「利害の体系」である、とはどういうことか。これはまず、戦争をビジネスにするいわゆる「死の商人」の存在を意味します。戦争は儲かるのです。一例をあげましょう。

ヒトラーとIGファルベン社とはすでに、一九三二年、密接な協力の基礎を見いだしていた。ヒトラーは、IGファルベンからの潤沢な資金の援助を得て政権についた。約五千にのぼるIGファルベン社の海外出張所は、全世界にまたがったナチスの陰謀の中核を形成した。彼らは表面は、さも実業家らしく活動していたが、実は侵略戦争の準備と遂行に欠くことのできない宣伝とスパイ活動とをやっていたのである。（略）IGファルベン社は、一二万五千人の、強制収容所の収容者に対して、毒ガス、血清その他類似の製品の実験を試みた。IGファルベンは、オシヴィエンチム（アウシュヴィッツ）にある自社の合成ゴム工場に労働者を供給する目的で、ここに収容所を一つ建設したが、そのさい酷使された男女や子供は、一日百人の割合で衰弱死した。（中略）IGファルベンは、ヒトラーの国防軍に対して、爆薬の八〇パーセント、自動車などに必要な合成ゴムのほぼ百パーセントを供給した。それにともないドイツ政府からのＩＧファルベン社に対する支払い額は年額十億ドルに達し、利潤は十年間に八倍になった。（ニュルンベルグ国際軍事法廷主席検事テルフォード・テイラーによる「起訴状」）

こういう巨大企業の利益が増大することによって、その国の経済が「活性化」するということも戦争の大きなメリットです。一国の「景気回復」にもつながるわけですね。二〇〇三年の「イラク戦争」に関わって、つぎのようなことが報告されています。読んでいるうちに「恥を知れ！」と叫んでしまいそうです。長くなりますが、紹介しましょう。

【戦争で太る米軍需産業】（サンノゼ＝尾形聡彦）米国の軍需産業にイラク戦争の追い風が吹いている。高額な最新鋭の兵器が「消費」され、新たな「需要」が見込まれるからだ。戦争は短期終結の観が強まったが、米ブッシュ政権の先制攻撃ドクトリンで、国防予算は今後とも拡大される。軍需大手の株価は堅調で、投資家の資金も集まっている。「戦争があれば、いつだって軍需産業は儲かる。ミサイルや弾薬は、補充しないといけないから」。軍需大手株を大量に購入しているという資産運用会社のジョン・コーニッツァー社長は、投資の狙いを説明した。25億ドル（約3千億円）の総資産を運用する。「短期終結でもかまわない。ブッシュ大統領は戦争に750億ドルかかると言っているし、各社はすでに多くを新規受注している」と話す。米英軍の作戦に大きく寄与したのは、数々の精密誘導兵器だった。マイヤーズ統合参謀本部議長によると、これまでに使用されたのは1万8千発に上る。軍需大手レイオンが製造したトマホーク巡航ミサイルは750発発射された。ボーイングのJDAM（統合直接攻撃爆弾）も多用された。一発の値段はトマホークが約60万ドル（約7200万円）、JDAMが約1万8千ドル（約216万円）。高価な兵器が大量投入されるにつれ、軍需大手の株価もじわじわと上がった。軍需と関連産業はもともとブッシュ政権幹部とつながりも深い。チェイニー副大統領は、傘下に軍需関連部門を抱えるエネルギー大手ハリバートンの経営者だった。ラムズフェルド国防長官は、ハイテク企業ゼネラル・インスツルメントの元最高経営責任者だった。（『朝日新聞』2003・4・13付）

死の商人にとって武器は文字通り「商品」です。ある商品が「よい商品」であることを顧客に示すことをプロモーションといいますが、戦争がそのプロモーションの役割を果たすこともあります。たとえば、つぎのような指摘があります。

レバノンは、かつてベトナムがそうであったように、アメリカの最新兵器の実験場となった。実際、この戦争のあとアメリカの軍事調査団が、使用兵器の威力を調べるため、何度もイスラエルを訪れた。またイスラエルの兵器メーカーは「レバノンでその優秀性が実証されたイスラエル製爆弾、兵器をどうぞ」と世界にコマーシャルをうったのである。

このときイスラエル軍は最新鋭戦車メルカバを投入するが、これには日本の三菱製の暗視スコープが用いられていると、スウェーデンのＳＩＰＲＩ（ストックホルム国際平和研究所年鑑）が発表している。（広河隆一『パレスチナ』岩波現代新書 一九八七年）

利害は、経済的利害だけではありません。戦争を遂行するためには、徹底的な国民生活の国家目的への従属や思想統制が必要です。これがゆきつくところは「国防国家」です。しかし、この「国防国家」体制は、支配する側にとって都合がいい。通常ではできないような国民支配を、「非常時」（現代では「有事」）の名の下に行うことができるからです。また、国家権力にとって厄介な人権確立のためのさまざまな運動を弾圧あるいは懐柔することができます。これは権力にとって非常なメリットです。日本において、「非常時」の名の下に多くの人権運動が弾圧され、また水平社の部落解放運動が反権力の旗を降ろさざるを得なくなるなどの懐柔がなされたのは周知のことです（第二章参照）。

3　戦争と人権

人権を護るという立場からすると戦争はまさに最大の人権侵害ですし、それを正当化する戦争正当化論は最大の人権否定思想です。人権論において戦争正当化論をとりあげる理由はここにあります。このこと、「戦争は最大の人権侵害だ」ということを、もう少し説明したいと思います。

私は人権のキーワードとして「安心・自信・自由」をあげましたが、戦争は特に「安心」を奪う究極の形、つまり命の収奪です。しかもそれが組織的・大量に行われるということ、これが第一点。

第二に、戦争は差別とともにある、ということ。日本における韓国人、朝鮮人あるいは中国人に対する差別は非常に根深いものがありますが、この差別は、日本が脱亜入欧政策の下、朝鮮、台湾、中国を植民地としたという背景を抜きにして考えられません。戦争は特定の人々を殺し、支配する行為ですが、このことを可能にするためには、その対象になる人々が、殺されてもかまわない人々、支配されなければ生きていけない人々だという蔑視が前提として捏造《ねつぞう》されます。また、戦争においてそのような考えが強化され、利用されるわけです。また、侵略された国の住民は厳しく惨めな状況におかれますから、そのことがまた差別意識を強めるわけです（因果関係の転倒）。逆にそういった差別意識を不可分に構成するものとして、自国の神聖化がおこなわれます。戦争は、国民の間に、「正しく優秀な〝私たち〟の国」が「まちがった劣等な〝あの人たち〟の国」を「やっつける」という精神構造（「WE集団とTHEY集団」）が浸透しなければ効果的に行うことができません（第三章参照）。

また、戦争によって占領された地域における占領軍の横暴があげられます。これは被占領地区の住民への蔑視がその土台にあります。頻発する沖縄での米兵の暴力は、周知のところです。ひとつの例として「ジラード事件」を紹介しておきましょう（原田伴彦『差別と部落』三一書房一九八四年）。

昭和三二年二月、群馬県相馬村のアメリカ軍演習場で、同村新田部落の六人の子供の母親が、アメリカ軍第一騎兵師団所属のジラード特務三等兵に射殺されました。新田部落は山村にあり、ただでさえ貧しい上に、その原野の一部が演習場に接収されたため、生活が一層苦しくなっていました。当時のアメリカ軍基地の周辺によくある事例ですが、この部落の女性たちも、生命の危険をおかして、弾丸のカラなどの金属の破片を回収しては、生活の一助としていたのです。相馬村の住民の約八割と隣村の桃井村など合わせて約四百人がタマ拾いをやっていました。たまたま彼女が薬莢《やっきょう》を拾っていたところ、付近にいたジラードが薬莢をばらまいて「ママさん、おいで」と日本語で手招きしました。彼女が近寄ると、ジラードはいきなり発砲し、彼女は即死しました。群馬大学医学部の鑑定により、ジラードは十メートルの至近距離から必死に逃げる彼女の背中をねらって発砲したことが明らかになりました。しかし判決は懲役三年、執行猶予四年、ジラードはなじみの日本人女性を連れて帰国したのでした。

また侵略戦争は、侵略する国における差別を固定化し、強化することにつながります。例えば、日本の「帝国陸海軍」において、下級兵士の死亡率が上級兵士のそれに比べて異常に高い、という事実がありました。社会で苛酷な場所にいる者は戦場でも危険な場所にやられるということでしょう。戦争は国内の差別構造の投影であり、また戦争によってその差別構造が強化されるのです。一方で、戦争は、その構造を隠し、逆に巧妙に利用し、疑似的な差別解消とその幻想をふりまいて（「軍隊に入れば平等」）遂行されるのです。二〇〇三年の「イラク戦争」においても、この構図は見られました。アメリカ軍の戦死者のうちで、マイノリティの占める割合が異常に高いということが報告されています。

【米軍支えるマイノリティー】（ニューヨーク＝福島申二）イラク戦争の米軍戦死者の中に、黒人やヒスパニックなどマイノリティー（人種的少数者）が目立つ。1973年に徴兵制が廃止されて以来、米軍は主として、マイノリティーと白人の低所得者層出身の志願兵によって構成されてきた。その結果、中産階級以上の多くが実際の戦場とは無縁の存在になり、戦争のリアリティーを社会から失わせているとの指摘もある。戦争初期、4人が乗った米海兵隊の戦車がユーフラテス川に沈み、全員が死亡した。4人は、（1）プエルトリコ移民の2世（2）メキシコ移民の1世（3）スコットランド移民の1世（4）米国生まれの白人だった。両親と一緒に国境を越えた（2）の兵士は、2週間後に米国の市民権を得ることになっていた。搭乗員の構成は、米軍の人種・民族的な多様性と、志願兵の出自を示す「縮図」ともいえる。海兵隊では、（1）と（2）の兵士がそうであるように、ヒスパニックが兵・下士官の13％を占め、16％の黒人とほぼ肩を並べている（2000年米国国防総省資料）。戦死者の人種・民族別内訳は公式には発表されていない。だが、米メディアの報道には、戦死の知らせを受けたマイノリティーの遺族の発言がしばしば登場する。南部ジョージア州出身の黒人、ジャマル・アディソン工兵（22）の母親は「ブッシュは他人の息子たちを戦争に送っている。ブッシュは戦死者は栄誉に包まれていると説くけれど、私は息子がブッシュの英雄になるより、臆病者でもいいから、この腕の中にいてほしかった」と言って泣いたという。全体では米国民の約7割が支持していると言われるこの戦争。だが、多様性がモザイクにもたとえられる米社会の反応は決して一様ではない。たとえば、ニューヨークの地元テレビ局が開戦後に世論調査をしたところ、こんな数字が浮かびあがった。「◇白人39％◇ヒスパニック48％◇黒人72％」。イラク戦争に反対する人の比率である。犠牲になる度合いに比例するように、マイノリティーに戦争への懐疑がひろがっていることがうかがえる。「白人が仕掛けた戦争」と見る、冷めた空気がそこにはある。（『朝日新聞』２００３・４・12付）

また、侵略戦争は、自国の差別構造の固定化・強化のみならず、その構造を被侵略国の住民に強制します。差別の輸出です。典型的な例が日本の「大東亜共栄圏」の実態でしょう。これは建前としては「アジアの解放」や「アジア民族の協和」がかかげられましたが、その実態は、国内の天皇制支配における上下関係、支配―服従関係を「日本―アジア」関係に拡大しようとしたものでした。象徴的なものは、この時期の外務大臣で、国際連盟から脱退して、日本を世界から孤立させる方向に導いた松岡洋右の発言ですが、彼の多岐にわたる発言の特徴を、栄沢幸二氏は次のように指摘しています。

要するにそれは、共栄圏内の諸民族・諸国家が、日本の指導権のもとにそれぞれ与えられた任務を責任をもって遂行するという、上下の民族的な諸関係を前提とする、指導と被指導の原理のことであったとみてよかろう。ちなみにこの秩序原理は、天皇制国家における忠孝の縦の道徳ないし秩序原理の世界への拡大を意味したことを、あらかじめ指摘しておこう。(『「大東亜共栄圏」の思想』講談社現代新書　一九九五年)

さらに、国内の差別構造が戦争によって固定化・強化され、それが侵略によって輸出されるという構造は、女性差別において深刻な形で現れました。大越愛子氏は次のように指摘しています。

資本主義の発展や植民地争奪戦を通して国家間の競争が常時となった近代において、戦争は日常生活へ浸透していた。近代において公私二元領域が成立したというのは幻想で、むしろ生活は国家体制の中へ一元的に統率されたということができるだろう。その現実は、ヘーゲルの国家哲学にあからさまに示されている。ボーヴォワールの指摘したような、男性を「殺す性」、女性を「産む性」とする二元論は、近代において国家単位で形成されたのである。国内において、男性をめぐって生殖用の女性＝主婦、快楽用の女性＝娼婦の女性の二分化が成立したが、それが国家単位になると、守るべき女＝国内の女、攻撃対象としての女＝国外の女の二元論となる。戦争において国内の女性を守るために、男性たちは戦いに出かけるという。だがその名目の下で男たちは、強姦し殺戮《さつりく》することが許される女たちを襲うのである。（『フェミニズム入門』ちくま新書　一九九六年年。また同様の指摘は『近代日本のジェンダー』三一書房　一九九七年）

さらにいえば、現代の戦争は総力戦であるということ、また、国民の支持獲得を目的とした情報操作が重要な役割を果たしています。ここから人が自由に考え、行動することを極力抑止する必要が生まれて来ます。戦争と自由は非常に相性が悪いのです。戦争遂行体制とは自由の抑圧体制です。戦争をやるのに、自分の頭で考える人間ほど邪魔なものはない。典型的なのは、すべての価値観を国家に収斂《しゅうれん》させられることによって、人間の内面が厳格に統制され、それ以外の価値観がもてず、人生観や人間観の貧困がもたらされることです。「価値観」ということでいえば、たとえば日本の倫理学の重鎮の和辻哲郎は、日本社会においては、特にその戦争の時代において、「個人は国家への献身において己が究極の全体性に帰ることができる。ここでは一切の自由さえも自ら放擲《ほうてき》して究極的な人間の全体性に没入するところの究極的な去私が要求されている」と主張しました（『倫理学』岩波書店　一九五七年）。

戦争は安心を破壊し、尊厳を奪い、自由を抑圧する、最大の人権侵害システムです。

二　戦争正当化論の類型

1　ラパポートの分類

戦争とは何か、それをどう捉えるか、に関しては、およそ三つの類型があることを、A・ラパポートが指摘しています。彼の議論は、直接に「戦争正当化」に関するものではありませんが、戦争とは何か、という問題は、戦争の原因をどうとらえるかという問題に密接につながっており、その中で原因を、人間の操作の範囲を超えた、なんらかの超越的なものに求めるということによって、戦争正当化論を構築することも可能なわけです。ラパポートの分類を参考までにあげておきます。

1　「戦争の政治哲学」。戦争を国家の利益獲得の手段として捉え、戦争の動向に関しては、冷厳な損得計算が必要であり、かつそれが可能であるという考え方。

2　「戦争の階級哲学」。資本家、巨大企業の資源獲得などの利害追求の、極端で軍事的な発現として戦争を捉える。したがって現実の戦争遂行の主体としての国家の枠を超えた側面があることから、戦争の開始や終結あるいは範囲などに関する合理的コントロールが戦争に対して及ばないことがある、という捉え方。

3 「戦争の全体哲学」。人類という「全体」を、一つの複雑な体系として認知し、戦争をその体系の何らかの運動（例えば「適者生存の〝実現〟」）と捉える。したがって、戦争は一種の自然現象で、必然的な行為であるとする一種の運命論。（アナトゥール・ラパポート『現代の戦争と平和の理論』関寛治訳、岩波新書 一九六九年）

また、戦争を、その社会的原因やそれのもたらす社会への結果という問題において考察する「戦争社会学」の立場から、G・プートゥールは戦争についての社会学的学説における二つの傾向を指摘しています（日高六郎他編著『社会学辞典』有斐閣 一九五八年 参照）。

すなわち、（1）戦争を人類が将来のいつの日にか解決できる社会的産物であるとみなす「楽観主義的学説」、（2）戦争は永遠に継続し、しかも有益な社会現象と考える「悲観主義的学説」です。そして前者の立場の人は共に、歴史の発展段階において、産業主義の支配する社会が出現するとき、戦争は文明の進歩に逆行する社会現象として消滅するものと見ました。たとえばマルクスは、階級闘争が終焉《しゅうえん》する社会が同時に戦争の終結する社会だと見ていました。

他方、悲観主義的観点に立つ学者としては、まず「社会ダーウィン主義」者がいます。「社会ダーウィン主義」とは、「適者生存」という進化論の概念を社会に拡大し、かつ、「現在生き残った者が適者で〝ある〟」という、もともとの意味を歪め、「強い者こそが生き残る〝べき〟」

だという形で、原因を当為に読み替える議論です。またスタインメッツという学者は、「戦争の科学的擁護論者」をもって自ら任じ、戦争は、人間の本性に深く根差した社会現象であり、集団淘汰の主要な方法であるから、戦争は永遠になくならない（なくしてはならない）と論じましたが、これもよく似た議論の立て方です。

2 運命論

いずれにしても、戦争正当化論は、「人間の本性」や「社会進化」などといって、要するに戦争を一種の運命として捉える立場です。戦争を「運命」として捉える立場としては、やはり典型的には、宗教によるものがあげられます。戦争の背後に、「神の命令」あるいは「神の摂理」という、人間が逃れられない大きな力が働いているとすれば、戦争はやはり逃れがたい運命というほかありません。

宗教による戦争正当化については、D・ブラッシュが簡潔に類型化しています。そのなかで、彼はアウグスチヌスの見解を紹介しています。

アウグスチヌスは、「隣人愛」という観点から戦争を正当なものと見なしているようだ。キリスト教徒の「隣人」が、邪悪な者達に攻撃されたときには、良きキリスト教徒は、戦争に赴かねばならない、そこで宗教的良心がためされる、というのである。

（INTRODUCTION TO PEACESTUDIES, Wadsworth Publishing Company, 1991）

「邪悪な攻撃」といえば、あの「9・11事件」を彷彿《ほうふつ》とさせます。実際このたびの「イラク戦争」にあたって、アメリカにおける戦闘的なキリスト教思想の存在がクローズアップされてきました。恵泉女子大学の蓮見博昭氏が「アメリカ政治と宗教」と題し、こういった事情を紹介しています。

【平和主義者ではないのか】キリスト教を平和主義だとかハト派だととらえるのは、米国に関する限り誤りだ。この国では、先住民のネイティブアメリカンを制圧したときや、1900年にフィリピンを併合した際など、いずれも「神から与えられた使命の一環」という宗教的な正当化が行われた。1845年にテキサスを併合したとき、「アメリカの領土拡張は神によって与えられた明白な使命（マニフェスト・デスティニー）」と、当時の新聞「ニューヨーク・モーニング・ニューズ」の記者が主張したのはあまりにも有名だ。これは、すでに国中に広まっていた国民的信念だった。（略）一番強硬なのは福音派の一部にある十字軍主義だろう。反キリスト教を唱える集団に対しては、先制攻撃を仕掛けてでもこれを殲滅《せんめつ》すべし、という態度をとっている。【ネオコンとの関係は】（略）彼らはキリスト教に肯定的で、しばしば「ボーンアゲイン・キリスト教徒」であるらしい。福音派はプロテスタントの中でも保守的なことで知られるが、聖書の権威や個人的回心を特別に重視する。米国では福音派とボーン・アゲイン・キリスト教は、ほぼ同義語になっている。今の米国では、インテリ層の世俗化が進んでいる。同時に、非エリートの間では、大衆的な福音派が盛んになっている。その理由は、やはり、9・11テロの影響が大きいのではないか。テレビで繰り返し流された世界貿易センタービルの破壊は、「この世のもの」とは思えない光景だった。カタストロフィックという言葉を超え、アポカリプティック（終末論的、黙示録的）と表現された。死者の数だけでいえば、同時テロより悲惨な事件はあった。しかし、米国の繁栄の象徴であるビルがもろくも崩れたあの光景は、言い方は悪いが、多くの米国人にとって初めての「宗教的な体験」となったのかもしれない。（『朝日新聞』2003・6・1付）

ブッシュ大統領が激しく「悪の枢軸国」を名指して攻撃するのを、いやというほど私たちは見せられましたが、この発想の中に、ブラッシュが指摘している戦闘的「隣人愛」思想が見え隠れするようです。

ところで、後述のS・ハンチントンの議論は、「文明」という概念によって冷戦後の世界を区分けし、その文明間の「衝突」によって世界の対立の恒常性を弁証するものですが、ハンチントンのこの議論は、意図としては、アメリカの属する「ヨーロッパ文明」をもつ国家を「隣人」として囲い込み、他の文明との闘いに備えようという戦略が背景にあります。この議論には、もちろん「神」などの超越的な記号や宗教的表象は登場しませんが、「隣人（ヨーロッパ文明）」と、隣人を攻撃してくる敵（ヨーロッパ文明とは異質な文明）との闘争という発想は、とてもよく似ているわけです。「隣人は団結してみずからの文明を護れ」というハンチントンの「文明の衝突」とは、いわば、宗教を文明と言い換えた、「世俗化されたアウグスチヌス的戦争正当化論」、とでもいうべきでしょう。

3　政策論

戦争を政治の延長とする議論があります。無論事実として、政治は戦争に結び付きます。しかし、この「事実」というレベルを越えて、「だから戦争は正当だ」とか「戦争は仕方がない」と主張することには大きな問題があります。

なぜなら第一に、この議論は、戦争を必要とする政治の在り方やその政治権力が行使されている社会構造そのものの問題が問われていない。戦争が正当で必要だという結論は、論理的には、それ（戦争）を必要とする政治の正当性そのものから引き出されねばならないでしょう。そしてその正当性を、戦争を〝仕掛けられた人々に〟納得させることができて初めて、「戦争は政治の延長だから正当」という議論が成立します。

第二に、しかし、実際これは不可能です。必要だという理由は、自国の中で自己完結した論理であり、他国に強制できるような代物ではありません。どんなに巧妙に「私は貧しい」ということを証明しても、その証明は「私はお前の財産を奪うことができる」という証明にはなり得ません。

歴史的には、たとえば、「満州は日本の生命線」だとか、「ドイツの生存圏の拡大」だとか、「石油を確保したい」や「銅山がその国で国有化されたら我が企業は儲からない」だとか、「入植地を確保したい」だとかがありましたが、そんなものは日本やドイツやアメリカやイスラエルの勝手な都合であって、朝鮮・中国やポーランドやチリやパレスチナアラブ人にとっては、なんの関係も責任もないことで、このうえもない近所迷惑です。

「大東亜共栄圏」とか、手前勝手な論理が露骨に表明されても、正面切った非難を受けない時代（帝国主義の時代）はとっくに過ぎています。しかし、なおかつこのわがままを通すには、エゴイズムの露骨な表明を避けて、「大量破壊兵器をもっている」とか「テロリストをかくまっている」だとか難癖をつけるか、あるいは、それは戦争ではなく文明の衝突なのだとかいった大袈裟な雲の上の議論を展開するかして、個々の戦争の具体的な背景と原因の分析を放棄させることが必要になってきます。イラク戦争において、前者はアメリカ国家権力の頂点のアジテーションの内容でしたし、後者は「権威ある大学の権威ある政治学者」によって提示されたのでした。

また、ブラッシュは、自国の矛盾から国民の目を逸《そ》らすために戦争を始める場合があることを指摘しています（前掲 INTRODUCTION TO PIECESTUDIES）。戦争＝政策論で問題なのは、その場合の戦争が、国内の矛盾が深刻になって切羽詰まった時に、いわば「はけ口」として起こされる、ということです。こういう場合も安易に「戦争＝政治政策の延長」論で正当化されてしまう可能性はあります。しかし、これは「政策の延長」というよりも「無策の延長」というべきでしょう。「戦争＝政治政策の延長」論の危険は、それがその実「戦争＝政策失敗の穴埋め」論と区別がつかないところにあります。実際日本の場合、「満州事変」という強引な捏造策、戦略論のイロハもわきまえていない二方面作戦（中国との全面戦争をしながら英米に宣戦布告）の強硬は、その戦争自体が必要というより、国内の無策状況を一挙に転換するためのハッタリというしかありません。解決すべき問題（それが人権に関する問題であるときも勿論ある）が棚上げされるということ自体問題ですし、また、抑圧移譲のはけ口として戦争を仕掛けられる人々にとっては、とんでもない近所迷惑です。

三　S・ハンチントンの「文明の衝突」について

1　内容

現代における著名な戦争正当化論として、サミュエル・ハンチントンの「文明の衝突」をとりあげたいと思います。「さすがは世界一流の政治学者」などと、なかなか評判がよいようです。まして、ハンチントンのこの議論を「戦争正当化」という文脈で読むということはほとんどなされていません。たしかにハンチントンの議論を「戦争正当化」というワクだけでくくってしまうのは無理があるでしょうが、戦争正当化がこの議論の重要な側面であることは、私にとっては確かです。以下、コンパクトにまとまった『文明の衝突と21世紀の日本』（集英社新書二〇〇〇年）にそって、その内容をみていきましょう。

「冷戦」時代には、国家間の敵対関係や友好関係は政治やイデオロギーによって決定されていたが、「冷戦後」において、この決定要因は、宗教を中核とする文化あるいは文明となった。ソ連崩壊後、世界は「アメリカ・ソ連」という二極体制がくずれ、「アメリカ・その他の国々」という「一極多極」構造にはいった。「冷戦後」の世界は、この「文明の衝突」という対立によって構成されるのであるから、アメリカは、その現実の認識の上に立って国家戦略を立てることが重要である。だいたいこんな内容です。

2　意　図

非常に明快で、今後の世界の在り方が一目で見通せそうな気がします。しかも、これがS・ハンチントンという有名なハーバード大学の政治学の先生であるとなれば、「これこそ二一世紀の国際状況の優れた見取り図」ひいては「その中でとるべき日本の方向が明らかになった」と歓迎する人もでてくるでしょう。しかし、このハンチントンの議論については、私はまずその議論の意図においてすでに問題をはらんでいると思われます。

この議論は、その根底にあるものが、アメリカの世界支配の維持と強化にあり、すくなくとも「冷戦」の崩壊を、米ソの対立と緊張、大国の軍拡競争や代理戦争、あるいは核兵器の恐怖から、世界が脱却するチャンスとして捉え、そこから新たな平和的秩序の構築を意図したものではないということです。この点はまず押さえておくべきでしょう。

戦争や平和の問題に関する議論がしばしば噛み合わず、「理想論」と「現実論」がすれちがってしまうという問題に対して、石田雄氏は、「議論の三つの段階の区別」ということを提唱しています。それは「第一の段階としての究極の目的、あるいは価値、理念の問題、第二の段階としての中間的見通し（たとえば一〇年間、三〇年間に日本をどの方向に向けて行くかということ、第三の段階としての当面の処理（具体的な技術的問題も含む）との区別」ということです（『平和の政治学』岩波新書　一九六八年）。

この三段階にあてはめてみると、ハンチントンの議論は国際情勢の判断（石田氏においては「第三の段階」）としては、一定の正確さをもつものでしょうし、それに対する賛同者が出現するのもわかります。しかし、石田氏のいう「第一段階」の議論としては、もう無前提に、アメリカの世界支配と超大国のエゴがまるごと肯定されています。支配欲とエゴがどのような問題をはらんでいるかということは、ほとんど問われていないわけです。

ハンチントンは「冷戦」「冷戦後」では世界の在り方が違うと説明していますが、それはこれから検討するとして、それにもかかわらず、アメリカの世界戦略は「冷戦」「冷戦後」も変わっていないのです。たとえば、日本の外務官僚として第一線で活躍していた浅井基文氏が「冷戦」時代に、すでにつぎのように指摘しています。

アメリカが対ソ認識を改めても、それによって世界に軍事力を展開し、軍事力でアメリカに都合のよい国際秩序を守ろうとする、その国際軍事戦略が変わるわけではない。事実は、アメリカは新しい国際環境の変化の中でみずからの戦略を練り直してはいる（当面の主な脅威の対象をソ連から地域覇権主義に移した）が、軍事力によって世界に君臨する基本政策は微動だにしていない。従って、アメリカが世界的に軍事力を展開する態勢をとる中で日米安保体制の戦略的重要性を重視し、しかもアメリカの経済困難の中で日本に防衛分担増大を求め、日本の基地を重視する姿勢にも変化はないことを、（日本の）外務省は知り尽くしている。（『外交官』講談社現代新書　一九九一年）

また、ハンチントンの議論の意図が、アメリカの世界戦略の方向づけにあることは、『文明の衝突と21世紀の日本』の解説者である中西輝政氏が、賞賛を交えた解説ですでに指摘しています。ハンチントンの意図がなんなのかが窺《うかが》えそうなので、この中西氏の解説を紹介しておきます。ハンチントンの議論の真の動機は、三点あり、第一はつぎのような点であるということです。

1　アメリカと西ヨーロッパを単一の文明共同体として強調し、それが世界で他の文明と対峙し、衝突の危険さえ潜在していると説くことによって、米国内における「西欧アイデンティティ」論の大切さに目を向けさせ、大きな視野から文化多元主義に対抗する拠点を人々に提供する。

しかし、「文化の多元性」は民主主義を担保する重要な要素です。それに「対抗する」とは、いったいどういうことなのでしょうか。もしこの解説の通りなら、ハンチントン理論は、戦争にむけての挙国一致を実現するため、人種のるつぼといわれるアメリカ社会でのマイノリティの存在を無視し、結局はその社会で大きな権力をもっている人々の単一の価値観によって社会全体が統制されることが必要だ、ということになってしまいます。これは民主主義に逆行する危険な考え方です。さらに、中西氏の解説に目を移しましょう。

2　世界には西洋文明とは根本的に異なる多くの文明が互いに分立・対峙している姿を説くことにより、アメリカ人に対し、世界の中で現在の西欧が依然として保持している相対的な優位と覇権（ないしリーダーシップ）を守るためには、西洋文明を「普遍」と思い込んで世界におしつけていってはならないと訴えるのである。なぜなら、その場合、「西欧」は世界中を敵に回し、本来ならもっと長続きしたはずの「西欧の優位」を早期に失うことになる、と考えるからである。

「西欧の優位」が保たれている間は、西欧は自文明以外の文明を理解する必要はないのでしょうか。自文明の優位を保つために、今まで支配してきた他の文明を理解したいなどという欲求は、幕府や藩の領主が、一揆の防止のため、「百姓が今何を考えているかを知りたい」と欲求することと変わりません。そんな、いわば「特高警察的関心」において（さすがは「世界の警察官」！）、異なった文明に対するまともな理解が成立するのでしょうか。さらにいえば、ハンチントン氏の言う「西欧文明」とはなんでしょうか。一向に明らかではありません。彼は、しきりに「西欧文明と他の文明の対立」ということを主張していますが、「西欧」文明には、他の文明に対する寛容の原則は含まれていなかったのでしょうか。なるほど、西欧文明の歴史において、特に文明の中核たる「宗教」の歴史において、たとえば異端や異教徒が大量に火あぶりにされたという「非寛容」の苛酷な例も確かに存在します。しかしそれに対して、「人は、宗教的信念によるときほど、喜び勇んで徹底的に悪を行うことはない」と、同時代にパスカルは批判しています。この冷めた知性はまさに「西欧文明」の伝統ではないのでしょうか。あるいはナチスの蛮行の原因を、ヨーロッパ思想自身の歴史から深くえぐり出したあの「啓蒙の弁証法」の自己告発・自己批判の厳しさはどうでしょう。自己に対するこの冷徹さは、他者に対する寛容につながらないのでしょうか。ハンチントンの議論は、ヨーロッパ以外の文明に対する理解の欠落とともに、ヨーロッパ文明とは何かという自文明に対する理解にも欠けていると思えます。ハンチントンの「文明の衝突」という議論には、相手の文明を理解する態度そのものが欠落していると同時に、白国ヨーロッパ文明に対する理解も欠落しています。相手の文明を理解せず、自国の文明の検証もない「文明の衝突」概念とは一体なんなのでしょうか。それは、結局実態としては空洞で、そこにはなんでも自分の都合のよいものをつめこめる、極めて政治的な概念という他ありません。中西氏の解説にもどりましょう。

3　そこでの「西欧」の、世界に対するあるべき対し方は、非西欧世界の中に根深く存在する諸文明間の分裂と対立を視野に入れ、「西欧 vs 非西欧」の対立軸を避けつつ、いわば非西欧世界を「分割統治」しうるという可能性を、常に模索するようアメリカ人に訴えるもの、といってもよいかもしれない。このようにして『西欧の優位』という一点において、上述の第一と第二の点が見事に収斂してくるのである。まことに見事な国家戦略と言う他はない。

「文明の衝突」は、「西欧」が他の世界をより効率的に「統治」するための方法論であることが示されています。パレスチナ問題をはじめとした中東における紛争が問題化されるにしたがって、その元凶として、列強国のかつての「統治」政策の在り方が問われています。それは、被「統治」地域の民族紛争や宗教対立を利用し、煽《あお》って、民衆の抵抗を分断して間接的に支配するという方法でした。ハンチントンの議論は、どうもこの延長線上にあるようです。ただ、かつては煽られて意図的に行われた地域の「分裂・分割」が、今度は「異なった諸文明」というスタティックな概念に変わりました。しかしそれを認知して利用することによって「西欧の優位」を保つということでは大差はないと思われます。

中西氏は、「まことに見事な国家戦略と言う他ない」と称賛されています。確かにそうです。「西欧」の〝まことに見事な〟あざとさが示され、ますますそのあくどさに磨きがかかっています。

3　戦争正当化論として

「文明の衝突」は、こういった意図を正当化するためにもちだされたイデオロギーにほかなりません。「文明の衝突」という概念によって何が意図されているのか。それは第一に、「冷戦」時代の対立要因（政治あるいはイデオロギー）に代わる対立要因を提示することにあります。「冷戦後」に平和を模索するというよりも、「対立する世界」という「世界観」が変わることにストップをかけ、「対立する世界」＝軍事力保持と、行使の必要性＝戦争の不可避性という世界観を「冷戦後」に新たに提示するわけです。

「冷戦」時代の物理的な産物はそれこそ大量の大量破壊兵器ですが、思想的なそれはいうまでもなく「仮想敵国」という発想です。この「仮想敵国」という発想が軍備の拡張とそれによって肥え太る軍産複合体の自己正当化の根拠でした。「仮想敵国」という発想は、軍拡をしたい人間にとっては非常に好都合なわけです。

いずれにしても、この「仮想敵国」という発想が冷戦の終了とともに〝実態としては〟滅んでも、〝原理としては〟維持したいというのが、国家権力や戦争で儲ける企業の本音でしょう。ハンチントンの議論は、この要求に応えるべく登場したのでした。

しかも対立要因が、「政治やイデオロギー」という変動性の高い要因から、「文明」という変動性の低い要因にシフトさせられていくことによって、かえって「世界の対立と戦争の不可避性」という世界認識の枠組みは、より強固になっています。

また、個々の戦争、少なくとも二〇世紀にはいってからの二つの大きな世界戦争や戦後の独立戦争、あるいは民族紛争に対する具体的な原因や背景の分析が行われず、それらがすべて「文明の衝突」という一般論に解消されているため、個々の戦争において、誰が誰に対して何のために起こされて、だれが被害者で誰が加害者で、責任の所在はどこか、が問われず、すべてが曖昧にされています。戦争は人為的なものであり、国家の決断によって開始されるのですから、そこには必ず責任が生ずるはずです。

4 「文明の衝突」概念の問題点

そもそもこの「文明の衝突」という概念そのものもなんだかうさん臭いものです。第一に、「文明とは何か」という概念規定が非常に曖昧ですし、「衝突」という概念にしても、歴史上、異なった文明が対立したという事実はたしかにありますが、逆にそれと同じように異なった文明が交流し融合してきた例も多いのです。ハンチントンが「文明」概念の中核としている宗教にしても、そうです。イスラム文化とギリシャ文化との交流、あるいはユダヤ教徒に対するイスラム文化の寛容など。仏教徒とキリスト教徒が血で血を洗う殺し合いをしたというのは聞きません。

むしろ、実際に対立し「衝突」しているのは冷戦時代と同じく「政治」であり、国家（とその背後にある諸勢力）利害であって、「文明」概念は、その政治的対立あるいは政治的利害による戦争という、ダーティな現実を覆い隠すヴェールなのではないでしょうか。

また、「対立」ということに目を移せば、異なる価値観を根絶やしにし、ユダヤ人を異教徒として迫害し、苛烈な異端審問を行い、「十字軍」によって迫害を繰り返して来たのはキリスト教ではないでしょうか。「文明」の〝対立〟ということに焦点を置く、このハンチントンの議論における宗教観は、暗黙のうちにキリスト教という特定の宗教がモデルになっているのではないでしょうか。だとするならば、このハンチントンの「文明の衝突」という概念装置は、世界の戦争と平和の問題を議論するには、かなり偏向した視点であることをまず押さえる必要があると思います。

また、「文明の衝突」論は、きわめて没歴史的な概念です。ハンチントンは、「文明の衝突」にかかわって、次のように主張しています。

現在、世界中のあらゆる国々が自らのアイデンティティをめぐる大きな危機に直面している。いたるところで、人々は人間が直面する最も基本的な問いに答えようとしている。すなわち、われわれは一体誰かという問いである。そして、人間がこれまでそれに答えてきた伝統的なやりかたで——自分たちにとって最も大きな意味をもつものに依拠することによって——答えを出している。人は、祖先、宗教、言語、歴史、価値観、習慣、制度によって自分を定義する。そのうえで、文化的なグループと一体化するのである。すなわち、部族、民族、宗教にもとづく共同体、国家、そして最も広いレベルでの文明である（前掲『文明の衝突と21世紀の日本』）。

たしかに、現象としてはそうかもしれません。しかし、現実には、アイデンティティは、平和な状況においてはあまり問題にならないものです。それが真剣に問われるのは、みずからの存在が危機に瀕《ひん》した時であり、どちらかというと不幸な事態です。まして、世界的な傾向としてこのアイデンティティの危機が叫ばれているわけです。むしろこの状況は、大国の支配に抗して、民衆が抵抗運動や独立戦争にあたって、みずからの精神的より所として内面に形成してきたものであり、原因もなく自然発生的にでてきたものではありません。

そして、このような状況は特に中東情勢を見るときにその実感を深くしてしまいます。ハンチントンも「宗教の対立」という時、彼の念頭には中東情勢がひときわクローズアップされてあるのではないかと思われます。複雑な中東情勢を分析することはここではかないませんが、中東に関しては、瀬木耿太郎氏がつぎのように指摘しています。

二〇世紀後半の中東がかくも激しく政治的に揺れ動いているのは、二〇世紀前半に起こった二つの政治的事件に起因している。（1）厖大な埋蔵量の石油が湾岸で発見されたこと。（2）ユダヤ人が大量にパレスチナに流入したこと。石油の場合、そもそもそれらを掘る権利（利権）を得る段階から、政治がらみだったし、発見された後も世界の政治と密接に結びついていたのである。中東の巨大な石油資源は、二〇世紀後半、この地域に巨大なオイルマネーを流入させた。いわば、現在の中東の大激動は、二つの流入（オイルマネーとユダヤ人—引用者注）に原因していると見ることができる。しかしそれにしても、中東自体が、次のような性格をもっていなかったとしたら、事態はかくも激動することはなかっただろう。（a）起源を異にする多種類の民族が入り乱れて住んでいること。（b）これらの民族が、激しい一神教の分派を民族的アイデンティティとしていること。オイルマネーの流入は、中東の社会構造を根底から破壊することによって、広く大きな政治不安を生み出した。中東の特色は、その政治的エネルギーの多くが、社会主義や共産主義ではなく、イスラム原理主義に吸収されたことである。（『中東情勢を見る眼』岩波新書　一九八四年）

ここで示唆的な指摘は、別の地域（たとえば東アジアや東南アジアのように）において、資本主義の矛盾や富の偏在あるいは帝国主義的侵略に抵抗してきた社会主義・共産主義運動の〝役割〟を、中東においてはイスラム原理主義という宗教運動が担った、という側面があることです。ですからこの宗教運動は、単なる宗教運動ではなく、その本質からして政治運動なわけです。それを額面通りに「宗教」運動と受け取り（というか受け取ったフリをして）、あたかもそれが純粋の宗教のように個人の内面に根拠と出発点をもつかのように論じることは、この宗教運動を惹起《じゃっき》せしめた、大国の政治的策動と責任を無化する、きわめて無責任な議論といわねばなりません。

「石油利権」をめぐって各列強が熾烈な争奪戦を展開し、巨大企業と国家とが一体となって中東を支配・分割してきた歴史は周知です。これに対して現地の人々が抵抗するなかで、その精神的なより所と紐帯《ちゅうたい》としてイスラムの教えが全面にでてきました。みずからの国が支配され生活が圧迫され、そういう大国の支配による抑圧と貧困が背景となって、その巨大なストレスが宗教意識（少なくとも戦闘と戦死を促すような）を確固なものにしたのであって、その逆ではありません。今あげた瀬木氏の指摘のうち「（a）と（b）」の指摘は、一見ハンチントンの主張を裏付けるようですが、地域紛争や民族紛争においては、この巨大なストレスが「因」（大国の支配―瀬木氏の（1）（2）の指摘）となり、現地の人々の宗教はあくまで「縁」（瀬木氏の（a）と（b）の指摘）です。ハンチントンの「文明の衝突」概念は、「縁」を無理やり「因」にしてしまう議論といえます。火事にたとえれば、「因」は「火元」であり「縁」は「乾燥状態」であって、「乾燥状態（宗教＝「文明」）」だけを議論しても火元を突き止めなければ「火事（紛争＝衝突）」の実態を解明し、防火はできません。

パレスチナ問題にしても、問題は単純ではありません。「文明の衝突」などといってしまえば、パレスチナ問題は、イスラム・アラブ文明とユダヤ文明との「衝突」ということになってしまい、問題の本質はもちろん、そこからどうやって出口をさがせばいいのかが余計にわからなくなってしまいます。

この問題に関しては、「中東問題は二民族間の仮面の紛争の陰にその本当の顔をもっているのではないだろうか」という問題提起の下で、広河隆一氏がつぎのように指摘しています。

パレスチナ問題は一見、複雑に入り組んでいて、どこから手をつけてよいのかわからないように見える。しかしパレスチナの歴史のこのもつれた糸をときほぐす作業を始めるにあたって、いつもこのもつれの核心に一つの言葉が存在していることに注意しなければならない。それは「シオニズム」という言葉である。ナチによる大虐殺のあと、生き残ったヨーロッパのユダヤ人たちに希望の光を与えたのも、そしてまた、パレスチナ・アラブ人が父祖の地を追われて二十年間の放浪生活を強いられるようになったのも、このシオニズムの存在のためなのである。シオニズムとはここでは、パレスチナにユダヤ国家を建設しようという政治的な意図をもつ運動を意味する。前世紀に始まったこのシオニズムが、パレスチナの運命を決定したのである。シオニズムの歴史は、いくつかの特徴をもっている。その一つは、シオニズムがその生いたちから、ヨーロッパの植民地主義と帝国主義とに強いつながりをもっており、やがてはイスラエル独立後に帝国主義的自己開花をするようになるという点である。その二番目はシオニズムの歴史の中で、民族主義が政治的に育てられ、それゆえ、イスラエルはあらゆるインターナショナルなアイデアに防壁をつくるようになるという点である。三番目は、独立国を求めるというシオニズムの基本的姿勢のゆえに、土着のパレスチナ・アラブ人が、いつも無視され続けたという点である。(『ユダヤ国家とアラブゲリラ』草思社一九七一年)

ここで大切なことは、パレスチナ問題の核心にあるシオニズムが「ヨーロッパ(西欧)の植民地主義と帝国主義」とに深くつながり、かつシオニズムの中核にあるユダヤ教が民族主義を育て、イスラエルの偏狭なナショナリズムを支えるという極めて政治的な役割を果たしているということでしょう。つまり、先に指摘した、イスラム原理主義が政治運動としての色彩を濃厚にもっているのと同じように、ユダヤ教も政治運動としての色彩を濃厚に帯びているということです。ただ、前者は支配への抵抗という側面が強いのに対して後者は支配の道具という側面が強い。この「支配―支配への抵抗」は、無論政治的な文脈で把握すべきことがらです。「文明の衝突」などと言っていては、それが「ユダヤ教 vs イスラム教」になってしまって、その「本当の顔」である「支配 vs 抵抗」という姿が消えてしまいます。ましてそこからそれをどう超えていくのかを模索することがまったくできなくなり、現状の対立はますますドロ沼状態からぬけられません。

広河氏の言葉でいうと、「文明の衝突」という仮面に隠れた、問題の核心である「支配のために作られた文明の衝突」という点を明確にすることによって、初めてそこからの出口、すなわち広河氏の言う「ユダヤを超える」という地平が明らかになってくる訳です。逆にいうと、そういう表層の問題を本質論にすりかえて「文明の衝突」などといってしまうことによって、この問題は、さらに固定化され強化されていくしかないでしょう。ハンチントンの議論は、「文明の衝突を何とか解決しよう」ということではなく、「文明の衝突をどう利用しよう」という議論であり、対立（衝突）をなくすための議論ではなく、それを固定化する議論であることがこのへんに露呈しています。

文明の衝突の中核として位置づけられている「宗教」の対立や民族紛争は、宗教対立や民族対立を煽って、民衆を分断することによって統治してきた欧米列強の支配政策をぬきにしては考えられません。冷戦時代もそうでしょう。民族紛争や宗教対立は、米ソなどの大国の代理戦争によって強化され、創造されたとさえいえるのではないでしょうか。つまり、徹頭徹尾、大国の都合によって意図的に作られたものが、あたかも水の流れが上流から下流に流れるように、自然に登場してきたかのように提示されているわけです。典型的な議論は、「イスラム教徒の暴力性」の大きな原因の一つが、「人口爆発」として説明されているところです。そこでは、歴史的背景、具体的には、中東イスラム世界における、宗教的寛容を制度化したミッレト制度とその崩壊の過程、「十字軍」からヨーロッパ列強による支配に至るまでの「ヨーロッパ文明」による介入の問題が、まったく問われていません。

現在のイスラム教徒が暴力に頼りがちな原因の一つは、オスマン帝国の没落以来、イスラムにはリーダーシップを行使して、秩序を維持し、規律を止すような中核国家が存在しないことにある。第二の原因は、イスラム国家の出生率の高さにかかわっている。これが、十五歳から二十四歳までの「若年人口の激増」を生み出しているのだ。歴史的に見ても、この世代の若者が人口の二〇パーセント以上を占めると社会は不安定になり、暴力や紛争がエスカレートする傾向がある。ほとんどのイスラム国家では、若年人口が激増し、総人口の二〇パーセントに到達しつつある。これがイスラムの好戦性を生み出し、イスラム教徒の移民の激増と、イスラム社会の急激な成長による隣国への圧力の元となっているのである（前掲『文明の衝突と21世紀の日本』）。

この「文明の衝突」概念は、現代世界がこの概念によって、世界の対立が自然発生的なもののように説明されることによって、現代世界の対立状況を作り出した、「冷戦」時代の大国の行動の責任を不問にする議論ともなります。「冷戦」というと、何か、緊張状態は継続しているが実際には戦争が起こっていないかのような印象をもってしまいますが（そういう意味ではこの「冷戦」という概念自体も戦争正当化論といえる）、とんでもない間違いです。たしかに、米ソ間の戦争はなかったものの、この大国の利害がいたるところに押し付けられ、各地で代理戦争が行われていました。

5　「世界史の哲学」とのアナロジー

戦争が何らかの利権を獲得し（たとえば石油利権）あるいは利権を伴う（死の商人の儲《もう》け）ものであり、それと深く結び付いた国家の侵略行為あるいは複数の侵略国家の利害対立であるということ、すなわち国家・国民のエゴイズムを背景にした政治的対立であることを覆い隠し、それを「文明」「文化」の対立にすりかえるような議論は、新しいものではありません。歴史を顧みるときに浮かび上がってくるのが、かって日本の侵略戦争を「ヨーロッパの物質文明vs日本の道徳文明」という図式で正当化した京都学派の「世界史の哲学」があります。

京都学派の代表が、高山岩男ですが、彼は、「大東亜戦争の本質が思想戦である」と主張しました。「思想戦」とはどういうことか。それは、朝鮮や台湾を植民地化しまた中国を植民地化しようとし、結果的に英米と対立することになった戦争が、政治的利害や軍事力の衝突であるよりも、それが「英米的世界観vs日本的世界観」の衝突である、ということを意味します。「英米的世界観」とは、高山によると、「個体の自由」に基礎をおく世界観であり、それがやがて国家単位のエゴイズムに成長したものである、と。対して「日本的世界観」とは、個人が全体のために存在するような「和の精神」を基本とするのだ、と。そして日本はこの「和の精神」を体現した「道義国家」であり、この度の戦争は、ヨーロッパ的なエゴイズムからアジアを解放しようとする道義国家日本の意図を体現した「聖戦」である、という主張です。この高山の「思想戦」という議論における「思想」は、ハンチントンの「文明」とほとんど内容的には同じです。ハンチントンの場合は、高山のように自国の「文明」の優越性を露骨に主張するものではありませんが、戦争を「○○文明vs○○文明」という図式で把握するという点は、変わっていません。まさに「歴史は繰り返す」です。

6　運命論を超えて

ブラッシュは、前にあげた著書で、「戦争は不可避か？」という問題を設定して、「必然的であると同時に必然的ではない」という議論を展開しています。そこでの彼の主張のキーワードは「予言の自己成就」ということです。予言は普通未来に起こるであろうことを前もって言うことです。だからはずれる場合もある。しかし、人間の構成する社会において、予言された、ということ自体が原因となって、その予言どおりの結果が出現することがあります。たとえば、ある大新聞に「今度の選挙では候補者のA氏が有利らしい」という記事がでると、これといって支持者のない人々が、なんとなくA氏がよい候補者のように感じて、実際にA氏が当選してしまうというような状態をいいます。これと同じような状況が、戦争正当化論に関しても出現する、と。つまり、「戦争は必然的か?」という問いに対しては、「必然的だ」という答えを出すことによって、むしろ必然的という状況が導き出されるのだ、と。戦争正当化論は、必然的であるから「必然的だと主張する」のではなく、「必然的だと主張する」から必然的である、という主張だということです。さらに彼は、この問題に関して、社会は変わるものだということにも注意を促しています。「戦争は必然的だ」という見解の背景には、自覚的に戦争を正当化する意図が存在する場合もあるでしょうが、一種の「諦め」もその背景にある場合があるでしょう。その諦め自体が「諦めざるを得ない状況」をつくりだすわけです。それに対抗する思考こそ、「社会は変わる」という視点でしょう(ブラッシュは奴隷制度の例をあげています)。

このブラッシュの問題設定は、ハンチントンの「文明の衝突」概念の問題を考えるさいに非常に大切な視点を提供してくれます。すなわち、まず「文明の衝突」概念は、戦争が「文明の衝突だ」ということを〝説明〟する概念ではなく、「文明の衝突」概念をもちだすことによって、むしろ「衝突としての戦争」を継続させ強化させるものではないか、という問題。さらに、衝突の要因を「文明」にシフトさせることによって、社会が(この場合は「対立する世界」という図式）変動するという思考、したがってその可能性にストップをかけるものではないか、という問題です。

戦争から利益を貪ったりその他何らかの意味で戦争に価値を見いだす人々にとって、いちばん都合が悪いのは、「戦争は必然的なものではない」という考え、そして何よりも「対立の続くこの世界もやがて変わる可能性がある（奴隷制度の歴史が示しているように）」という、オルタナティヴな社会観・国家観が広まることでしょう。戦争正当化論は、実にこの考えが生まれ広まることを防止する役目を負っており、それはさまざまな時代と社会に対応して、いろんな意匠を凝らして登場します。

第二章　日本における戦争正当化論成立の前提

はじめに

第二章では、現在教育現場に流布し、半強制的に子供たちの「道徳」のテキストとして使われている『心のノート』（文部科学省二〇〇二年）の問題点を、特に「愛国心」刷り込みの問題として問うものです。戦前とちがい、そこに盛られたものは「柔らかいマインドコントロール」とでも言うべき刷り込みであり、その手法は、河合隼雄を中心とする一部の心理学者のグループによって裏付けを得たものです。その方法の問題点とともに、そこで権力が意図している、国民支配の構想を、「愛国心教育」の歴史と戦後の経過を辿り、その線上に『心のノート』を位置づけることによって辿りたいと思います。この問題は子供たちだけの問題ではありません。子供は社会の未来そのものです。権力と権威に柔順な、自立できない、あくまで国家と企業にとって「良い子」を作って行こうとする意図の、その中身を知ることが、現在ますます重要になっています。なぜなら、そういう人間をつくっていくことが、日本において戦争遂行体制確立のための必然的要求であり、日本の戦争正当化論成立の不可欠の前提なのですから。

一　『心のノート』作成の背景

1　経　過

『心のノート』作成にいたる背景に簡単に触れておきましょう。まず、中曽根内閣の「新国家主義」「戦後教育の総決算」路線が引かれたことがあげられます。『心のノート』の登場は、直接にはこの路線の最先端に位置しています。

また政治の動きと密接に関わって、財界の天皇の利用が八〇年代に本格化しはじめていくことも見逃せません〔注1〕。背景にはＮＩＥｓ（Newly Industrializing Economies）の台頭などによる日本経済の世界経済における相対的地位の低下があります。

つづいて小渕内閣の下で「国旗国歌法」が制定され、このころから財界のターゲットは「教育基本法」〝改正〟に集中していきます。男女平等意識の企業での高まりや、「過労死」問題などに対する労働者の権利意識の高まりに対抗した、出口のない不況の中での資本の側のなりふりかまわぬカウンターが開始されたのでした。

こういった動きを背景として、「日本は天皇を中心とした神の国だ」という、森首相の「神道政治連盟国会議員懇談会発言」がなされ、そして森首相の私的諮問機関である「教育改革国民会議」の「『教育基本法』見直し提案」が提出されました。この間に「新しい歴史教科書」が文部省検定を通過し〔注2〕、そうした中、直接の契機になった亀井郁夫参議院議員（広島選出、亀井静香氏の兄）の質問がなされました。

戦後豊かになった反面、大切な「心」が失われた。道徳の教科書がない。もっと突っ込んでとりくんでほしい。（二〇〇〇年三月一五日、参議院文教委員会）

この直後に七億三千万円の予算がついて『心のノート』の作成へと至るわけです。

2 『心のノート』の位置

「愛国心教育」の集大成としては、すでに『国体の本義』〔注3〕がでています。『国体の本義』は、まさに国家神道の教典たる「大日本帝国憲法」「教育勅語」「軍人勅諭」の正統解釈書たる位置と内容をもち、日本国家という宗教教団の独占的な国定教科書でありました（前著『人権理解の視座―自立と自律を求めて―』参照）。『心のノート』は、この『国体の本義』の現代版であるということもできるでしょう。なお『国体の本義』執筆者の一人である和辻哲郎は、戦後は日本の倫理学会の重鎮としてだけではなく、教育行政に対して、一貫して「教育勅語」

の復活を強要し続けて大きな影響力をもった人物です。

一九五八年に「学習指導要領」が「官報告示」形式となり、法的拘束力をもたせられたということを念頭におけば、国家権力（文部科学省）の著作が一律に全国に配布（一〇〇〇万部）されていること、現場での学校長による強要（文科省は使用を強制しないといっているが）、また「新しい歴史教科書」による世論づくり、そして前述の亀井郁夫議員の要求の内容からして、『心のノート』が「国定教科書」への一里塚の位置にあることは充分考えられます。『心のノート』の作成は、国家権力が、「日の丸」「君が代」［注4］で外堀を埋めた後、「国定教科書」という本丸を落とすために画策した、「道徳」という内堀を埋める作業にほかなりません。

3　国家と資本の論理の貫徹

背景としては、一言で言うと、国家と資本の要求にみあった「良い子」をつくるということです。国家権力の要求とは「戦争のできる国」のシステム（憲法改正と実質改憲）に対応した「戦争のできる人」をつくること、そしてそのための思想統制で、財界の要求とは、「教育基本法」中、特に「九条」（宗教教育）空洞化を通じた国家神道復活による「教育基本法」理念の破壊です。資本の論理としては、できるだけ権力に柔順で、会社のために犠牲を厭《いと》わない人間が望ましいことはいうまでもありません。そのためには、「教育基本法」の「個人の尊厳」に対しては「集団への埋没」を、「真理と平和の希求」に対しては「命令の無批判の受け入れ」

を、「人格の完成」に対しては「自己犠牲と歯車としての優秀さ」を、「不当な支配の排除」に対しては「資本の論理の注入口としての教育」を、それぞれ対置したいところでしょう。どうやら、「企業戦士」を育成する側にとって「教育基本法」は邪魔で仕方がないもののようです。

そして権力による「愛国心」強要には一定のパターンがあります。「日の丸」「君が代」「道徳教育」のセットです。『心のノート』も基本的にはこのパターンを踏んでいるのです。

二　『心のノート』の特徴（「中学生向け」にそって）

1　教育カリキュラムの道徳化

まず「活用」に関して「全教科を貫くものとしての道徳」という観点が提示されていることには注意を要します（教員向けの『心のノート活用のために』）。学校教育のカリキュラム全体が道徳化する危険性があります。

2　「畏敬の情操」の強調

また、「畏敬の情操」の大切さが強調されていることは、このテキストを一読してわかります。これについては「大自然に何を思う」として「ときに、人間の力を超えたものを感じたことがありますか」として書き込み欄が設定されています（64～65頁）。なお教員用のテキスト『心のノート活用のために』は、「学習指導要領」の「畏敬の念」の主張を参照するように促しています（27頁）。

この背景には、戦前、戦中、戦後を通じて日本の国家権力の教育を通じた天皇制マインドコントロールの手段たる「宗教的情操の涵養《かんよう》」があります。

この「宗教的情操」は、「知性」を軽視して合理的思惟を否認し、社会矛盾の原因を追求する力を封じ込める目的をもちます。国家神道は「惟神道＝かんながらの道」とも言われ、それは「言挙げせぬ」、すなわちあれこれ理屈をいわないことを美徳とします。これは、「なにごとの、おはしますかは知らぬれど、かたじけなさに涙こぼるる」という、伊勢神宮の前で西行が詠んだという歌に表現された情操ですね。この目的は、社会現象を知的に解明する力を育て、そこから真に自立した「市民」を形成することを主眼とした、戦後教育の花形として登場した社会科の理念をなんとかして破壊しようということでしょう。

また「宗教的情操」とは、「超越的存在への畏敬や畏怖」のことですが、それは常に、宗教的な「超越―内在」関係に世俗の「支配―被支配」関係を滑り込ませることによって、支配体制を維持する観念装置になるのが常でした。具体的にいえば、「日の丸」「君が代」というシンボルを操作することによって「畏敬」の対象に天皇を据えるわけです。

さらにいえば「愛国心教育」における「宗教的情操の涵養」は、神道の「禊《みそぎ》」「祓《はらい》」といったものでは「国のために死ぬ」ような人間を育てる教育はできない、という当時の軍国主義的な教育現場の危機感に対応したものであること、あるいはそのための宗教教団・教学の動員のための手段であったということに留意する必要があります。日本の「愛国心教育」における「宗教的情操」は、学問的意匠をまとっているものの、実は常に「国体」や「教育勅語」とセットで提出される、「信教の自由」の制約をくぐりぬけて国家神道教育を徹底するための偽装工作として、日本の文部官僚が発明した特殊な政治的概念なのです〔注5〕。

また、教育におけるこの「宗教的情操の涵養」という発想は、同時代の日本思想界の支配的動向であった「近代の超克論」〔注6〕と軌を一にしています。この問題に関してはあまり深入りできない（注釈参照）ですが、一九八〇年代以降にも「臨時教育審議会答申」の背景として、また新たな形（梅原猛の「縄文の心」）で登場することを指摘しておきましょう。

3　集団優先主義

これは、人権思想の基本である「個人としての尊厳」という思想への攻撃であり、天皇制イデオロギーたる家族国家論の焼き直しともいうべきものです。これに関しては、「集団、そして一人一人が輝くために」としてオーケストラの写真が全面に配置され、集団の価値が強調されています（82～83頁、「活用のために」31頁）。逆に「個人」という発想は「自分だけがよければいい……?」としてマイナスの価値しか与えられていません（90～91頁、「活用のために」33頁）。

この家族国家論は「調和イデオロギー」とでもいうべきものですが、ややくわしく説明すると以下のようになります。

「愛国心」という場合の「国」とは何を指しているのでしょうか。実は、日本の「愛国心」教育における「国」は、直接には「国土」あるいは「風土」として提示されていく場合が多いのです。風土の美しさを賛美して、そのプラスイメージを国家システムの肯定に結び付けるのです。「国土と国政を意図的に混同した愛国心の称揚」は、戦士の戦意高揚の有力な手段でした。一九四一年（昭和一六年）から始まった国民学校制度において使用された教科書には、つぎのような記述がみられます（原本は富士山の絵入り）。この、四季の美しさを愛国心の枕詞として提示していくというやり方は、戦後も頻繁にみられます。原型として提示しておきます（原文カタカナで旧字、国民学校教科書の引用に関しては以下同じ）。

日本は、春夏秋冬のながめの美しい国です。山や川や海のきれいな国です。このよい国に私たちは生まれました。おとうさんも、おかあさんも、この国にお生まれになりました。おじいさんも、おばあさんも、この国にお生まれになりました。日本よい国、きよい国、世界に一つの神の国。日本よい国、つよい国、世界にかがやくえらい国。（国民学校第二学年教科書『ヨイコドモ 下』）

「国」はまた「家族」として提示されていきます。国というものを家族の延長線上にとらえ、家族愛の賛美を国家への献身にむすびつけていくのです。「家族―地域―国」の同心円構造です［注7］。前者は自然現象と人為現象との、後者はゲマインシャフトとゲゼルシャフトとを意図的に混同するのです。この意図的混同の土台の上に、天皇への敬愛を乗せる。これは「教育勅語」に簡潔な形で提示されています。

また、この問題に関連して、国というものを「自然」として提示したりあるいは「家族」として提示したりすることとともに、歴史を神話と意図的に混同させるということも行われています。いずれにしても、「国」というものを変更可能な制度として対象化して分析することを放棄させることがその大きな目的です。国をこのようなものとして見ないということは、近代日本においては決してめずらしくありませんでした。このへんの事情を、藤田省三氏がつぎのように指摘しています。

> 国家を権力装置とする観念のもとでは、国家は実体ではなく機械にすぎないから、その機能如何によって変革さるべきである。日本においてはこうした国家観念は、明治前半期（大体日清戦争以前）のエタティスト（典型的には伊藤博文―神戸）の他には、否それをも含めて典型的には、大正後半以来の革命的マルクス主義においてのみ存在した。（『天皇制国家の支配原理』未来社　一九六六年）

「国家＝自然＝家族」とならんで「歴史＝神話」というのが国家神道的教育の柱でした。後者の例（原本は雲の上に光り輝く二人神の絵入り）。

〝み国のはじめ〟遠い大昔のこと、いざなぎのみこと、いざなみのみことという、お二方の神様がいらっしゃいました。このお二人が、天の浮橋にお立ちになって、天のぬぼこというほこをおろして、海の水をかきまわしながら、おあげになりました。するとほこの先から、海の水のしずくがしたたり落ちて、ひとつの島となりました。（国民学校第三学年教科書『修身』）

また、儀式を重んじるということでいうと、同じ教科書に「サイケイレイ」という項目がでてきます（原本は最敬礼するおさげの女の子と「教育勅語」を捧読する校長の絵入り）。

〝さいけいれい〟てんちょうせつです、みんな、ぎょうぎよくならびました、しきがはじまりました、てんのうへいか、こうごうへいかのおしゃしんにむかって、さいけいれいを、しました、「君が代」を、うたいました、こうちょうせんせいが、ちょくごをおよみになりました、わたしたちは、ほんとうに、ありがたいとおもいました。（国民学校教科書第二学年『ヨミカタ 二』）

もう一度整理すると、「愛国心」の強要は「日の丸」「君が代」という儀式の強制と「道徳教育」という形で行われ、「道徳教育」の内容としては、まず「国家」を「家族」とアイデンティファイさせ、あるいは「国家」と「国土・風土」とを意図的に混同させるということです。

この二つは、そういう混同を通じて、国家システムの不公正や社会の矛盾を、存在しないものとして隠蔽《いんぺい》し、社会全体を「調和」させてしまう機能をもっています。そして『心のノート』においても、問題の同心円構造は、「家族―学校―ふるさと―くに」として忠実に踏襲されているわけです（102～115頁、「活用のために」36～39頁）。

4 〝自発性〟

『心のノート』の特徴は、河合隼雄［注8］グループの心理主義がとりいれられ、カウンセリング的手法が採用されていることにあります。しかし、カウンセリングの方法には、クライアントの自由を一見尊重しつつ実は、「自由に決めよ、ただし望まれる形で」（小沢牧子『心の専門家はいらない』洋泉社二〇〇二年）という欺瞞《ぎまん》が内在しています。『心のノート』にもこの欺瞞はつきまとっており、例えば「この国を愛する」というテーマの中で、「わたしは日本のよさをこう考えている」という書き込みワクがあって、生徒が自分で書き込むようになってはいます。しかし、「わたしは日本のよくないところをこう考えている」というものはなく、一見自発性を尊重するようでありながら、最終的には「愛国心」に収斂するようになっているのです。しかも、こういったパターンが何度も何度も繰り返されるわけです。何度も繰り返し〝自分で〟書くこのノートを見ていると、マインドコントロールの常套手段を想起してしまいます。すなわち「繰り返しと、装われた自発性」。

5　「こころ主義」

『心のノート』は、全体が「自分さがし」という流行の心理主義的モチーフで貫かれており、関心がひたすら内面に向かうように工夫されています。逆に、むしろ自分をとりまく現実の状況（歴史や社会構造）を科学的に分析する視点は背後にしりぞけられているのです〔注9〕。

科学的裏付けが欠如したまま、「差別や偏見」の問題が論じられれば、「不正・不公正を〝憎み〟」「差別や偏見のない〝態度〟」という「徳目の強制」（96〜97頁、「活用のために」34頁）だけが残るでしょう。「差別や偏見がいけない」ということを学習することと、差別とは何であるかを学習することとは違うのだということを、ここで強調しておきたいと思います〔注10〕。

ここで危惧されることは、差別の横行する現実社会の中で、差別の禁止が道徳としてしか語られないとき、子供が「差別をしてはいけない」ということではなく、むしろ「差別をしてはいけないと語っていれば大人から非難されない」ということを学んでしまう危険があるのではないか、ということです。

6　プロセスの無視

心理主義を取り入れたことにより、「自分をまるごと好きになる」などという徳目も並んでいます（30～31頁「活用のために」19～36頁）。しかし、このようなことが、果たして「道徳」として「教育」の場で語られていいものでしょうか。本来こういったことは、たとえばトラウマの克服という深刻な問題において、基本的には専門家の治療という基礎の上で家族と教員の、子供たち一人一人に見合った具体的で綿密なサポートを経てはじめて意味を持つものでしょう。そういった深刻な問題を、十把一からげに強要することはかえって心の歪みをもたらすのではないでしょうか。一体に、おそらくこのテキストを作成した人々は、「幸せにぬくぬくと育ったんだなあ！」というのが、正直な感想です。はっきりいって偽善的です。こんなテキストで教育されると、むしろ、恵まれた子供が安易に自己肯定し、そうでない（たとえば虐待や差別の中にいる）子供が教育の世界と現実の世界とを「タテマエとホンネ」にわけるという偽善が大いに育成され、害の方が大きいのではないでしょうか。

三　「愛国心」強制史（戦前まで）

『心のノート』は一体、子供たちをどこにつれていこうとしているのでしょうか。私たちは今、夜の海をさ迷う船の乗客のようです。それでも、私達の船の行方を知らせる明るい灯台があります。それは「歴史」という名の灯台です。現代の状況を知る視点として、『心のノート』に至る「愛国心」強制の経過について、具体的には『心のノート』の特徴として指摘した、「宗教的情操」と「調和イデオロギー」の強要を教育史において敷衍《ふえん》することが重要です。この経過の先に『心のノート』を位置づければ、それはその本来の姿をおのずから現すでしょう。

1　「調　和」

「調和」イデオロギー（「家族国家論」）は近代日本の教育の根幹として大いに喧伝《けんでん》されていました。その目的は以下のようなものです。

社会における、各種の機関の緩和剤となり、それらの衝突や矛盾を、調和して、家族のような一丸となった国家をつくりあげるのに有力な材料である（伊藤博文談「開国五十周

年史」）（要旨）

「家族国家論」、「家族→国・郷土→国」の同心円構造の目的がここに説明されています。この同心円構造は、戦後の「道徳教育」においても一つの大きな柱となっていくのでした。

2 「宗教的情操」

「宗教的情操」に関して、具体例をあげてみましょう。

「国体観念」を支えるための「宗教的信念ト云フモノヲ涵養」し「敬神崇祖ノ観念」を育成せよ（一九一九年の「臨時教育会建議」）（要旨）。

一九一九年とは、一九一七年のロシア革命と一九一八年の「米騒動」によって日本に革命的機運がたかまってきた時代です。また次の二つの例。

「宗教的情操の涵養を奨励し人格の陶冶と国民精神の培養」をして、かつ「知育偏重」をやめて「情操、陶冶を重んじ、国体観念と相関せる人生観、社会観を基として創造力、批判力」を養え（文部省「学生思想問題調査会」一九三一年―委員長文相―「答申」）［注11］。

学校ニ於イテ宗派的教育ヲ施スコトハ絶対ニ之ヲ許サザルモ人格ノ陶冶ニ資スル為学校教育ヲ通ジテ宗教的情操ノ涵養ヲ図ルハ極メテ必要ナリ但シ学校教育ハ固ヨリ教育勅語ヲ中心トシテ行ハルベキモノナルガ故ニ之ト矛盾スルガ如キ内容及方法ヲ以テ宗教的情操ヲ涵養スルガ如キアルベカラズ（「宗教的情操ノ涵養ニ関スル文部次官通牒」一九三五年）。

こういった「宗教的情操」は非合理主義をもたらし、社会の矛盾の構造と由来を科学的に追求する視点を与えないわけです。

四　「愛国心」強制史（戦後より）

1　経過

戦後にこの「調和」イデオロギーと「宗教的情操」（戦後は主に「畏敬の情操」として登場）はどのように復活したのか。その前に、戦後の教育動向に簡単にふれておきましょう。まず警察予備隊の設置（一九五〇年）があります。これを受けて、池田・ロバートソン会議において池田が「教育を通じて再軍備への関心と愛国心を高める」ことをアメリカに約束（一九五三年）、また同年には、吉田首相の以下の有名な演説がなされました。

今日まで日本の歴史を教えず、日本の地理を教えず、日本の国語を教えず、日本の国体の優秀なこと、日本民族の優秀なことを説かないで、こうして再軍備をいたす。愛国心のない軍隊の如きはまことに恐るべき軍隊であります。（吉田首相の「第十五回特別国会施政方針演説」）

軍隊という存在は国家にとって「もろ刃の刃《やいば》」です。軍隊は国家の暴力装置で、侵略や反対派の弾圧には都合がいいが、一度その力が権力自身に向けられたときは、その権力は致命傷を負います。ロシア革命における水兵の反乱は革命の動向をボルシェビキに決定的に有利にしましたし、最近ではユーゴにおいて、軍隊が政府の命令に反して国民を弾圧せず、意図的に中立の立場に立ったことが、ミロシェヴィッチ政権の崩壊をもたらしました。実際、前述の国家神道の教典の一つ「軍人勅諭」は、一八七八年（明治一一年）に起こった近衛兵の反乱である「竹橋騒動」に驚愕した山県有朋によって制定されました（五三名を処刑）。軍隊を権力者の側につけておくことは国家権力の最も大きくかつデリケートな問題であり、そのためには、「権力者の利益を獲得し守ることが軍隊の義務である」という観念を「愛国心教育」を通じて注入することが最も効果的なわけです。軍隊を持つことにより、その国の教育の在り方が歪むわけです。同年には、安藤正純文部大臣が「天皇の在り方の社会科への盛り込み」を言明し自ら「指導要領」に加筆訂正、これは後「小学校社会科学習指導要領」（「昭和三〇年度」）として結実（「安藤社会科」）。一九五五年一一月には自民党が結成され、日本の政界に巨大な保守勢力が誕生しました。翌年には「臨時教育制度審議会設置法案」が提出されました。これは廃案になりましたが、その目的が〈「教育基本法」を見直し「国に対する忠誠」や「家族内の恩愛の感情」を教育の基本とするため〉（「中央教育審議会」との相違に関する清瀬一郎文部大臣答弁）と主張されていることは重要です（補足）。

翌一九五七年に愛媛県教育委員会が勤務評定実施を通達、教員への管理体制が強化され、翌年「学習指導要領」が「官報告示」形式となって法的拘束力を与えられ、一九五八年、ついに権力の念願であった「道徳科」特設がなされました。

一九六三年には「経済発展における人的能力開発の課題と対策」(「経済審議会答申」)がだされ、人格の完成よりも経済発展の効率化を要求する財界の意志・資本の論理が教育に大きく影響するようになります。これら一連の過程は、戦後の教育「改革」が、軍事の戦士と経済の戦士を養成する「人づくり」システムに変質してきたプロセスであることを示しています。

2　安藤社会科

前述の「安藤社会科」すなわち「小学校学習指導要領」(「昭和三〇年度」)に目を移しましょう。これには、これ以降の「愛国心教育」の中身がほぼすべてでそろっている、という意味で『心のノート』にいたる国家権力の主張の原型であるということができます。(以下の内第5項が「畏敬の念」の原型)

1、人間関係における道徳的秩序の重視　2、郷土や国家の一員としての自覚を高める
3、日本国憲法における天皇の地位の強調　4、国民の祝日についての認識を深める
5、芸術や宗教を通じて生命の尊さや自然や人間の心の美しさに目を開かせる

3 「期待される人間像」（一九六五年「中央教育審議会」草案、翌年に「答申」）

起草・執筆は、「大東亜共栄圏構想」のイデオロギーである「近代の超克論」を主導した一人である高坂正顕で、当時の「中教審」主査でもありました。彼はもともとカント哲学の研究者で「京都学派」の代表的学者の一人。戦時下で「言論報国理事会」に所属していたことで戦後に公職追放され、解除後東京学芸大学学長などをつとめました。また執筆委員に松下幸之助、最終意見聴取は日経連特別教育委員長・柴田周一からなされ、財界の意向が強く反映したものになっています。「宗教的情操＝畏敬の情操」については以下。

「生命の根源に対して畏敬の念をもつこと」それが「すべての宗教的情操」の根源であって「父母の生命、民族の生命、人類の生命」の「根源すなわち聖なるものに対する畏敬の念」が重要である。（第二部第一章「日本人にとくに期待されるもの」）

では、何に対する「畏敬」なのでしょうか。

われわれはみずから自己の生命を生んだのではない。われわれの生命の根源には父母の生命があり、民族の生命があり、人類の生命がある。（同上）

人は一人で生まれて来ないことは確かですが、それがなぜ「個人の生命を超えた民族の生命」の登場につながるのでしょうか。ともかく「人間像」では次に、この「民族の生命」は国家として実現されており、天皇はこの国家の象徴として国家と一体化している、としています。だから「畏敬」とは「日本国家の象徴」たる「天皇への畏敬」である、というわけです。

日本国を愛するものが、日本国の象徴を愛するということは、論理上当然である。天皇への敬愛の念をつきつめていけば、それは日本国への敬愛の念に通じる。（同第四章「国民として」）

ここで、はからずも「畏敬の念」の内実が露呈されているわけです。そしてこれ以後も、「畏敬の念」の内実は全く変わっていないのです。また、ここでの「生命」とは、私たちが日頃「人権」という意味で問題にする「生命」ではないことに注意してください。それは、むしろ和辻哲郎の「全体性」概念［注12］に近いものなのです。

4　「教育課程審議会答申」（一九八七年）

「期待される人間像」の大きな影響を受けて成立したものに標記答申がありますが、ここに以下の主張があります。

我が国の文化と伝統に対する関心や理解を深めるようにするとともに（略）、世界と日本とのかかわりに関心をもって国際社会に生きる日本人としての自覚と責任感を涵養することに配慮しなければならない。

「国際社会に生きる」ということは、実際には経済大国としてのしあがって行く、ということなのですが、実は、こういう発想はおろか言い回しまでもそっくりな文章がすでにあるのです。

我カ国文化ノ特質ヲ明ナラシムルト共ニ東亜及ヒ世界ノ大勢ニ付テ知ラシメ皇国ノ地位ト使命トノ自覚ニ導キ大国民タルノ資質ヲ啓培スルニ力ムヘシ。（「国民学校令施行規則」一九四一年）

日本の文部官僚にとっては、「一九四五年八月一五日」は単なる〝日付け〟なのでしょう。ちなみに標記答申には、以下の主張があってその「国際性」の内実が露呈されています。

国際社会に生きる日本人としての自覚の形成―国旗・国歌の掲揚・斉唱を明確にする

（「特別活動」）。「国旗及び国歌の理解」とそれらを「尊重する態度」を養う。（「社会科」）

5 「中学校学習指導要領」（「昭和四三年度」）

一九五八年に「官報」告示形式をとり、法的拘束力をもってから一〇年後の指導要領です。まず、「調和」イデオロギーについては、

家族の一員としての自己の立場を自覚し、愛情と思いやりの気持ちの上に明るい家庭を築いて、社会の一員たるにふさわしい公徳心の伸長につとめ、日本人としての自覚をもって国を愛し、国家の発展に尽くす。（「道徳」）

とあり、いままで指摘してきた天皇制イデオロギー「家族国家論」の同心円構造が明確にでています。また、「宗教的・畏敬の情操」については、

自然を愛し、美しいものにあこがれ、人間をこえたものを感じ取ることのできる心情を養う。（同）

さらに、天皇への敬愛については、以下の主張があります。

国民の祝日などにおいて儀式などを行う場合には、生徒に対してこれらの祝日の意義を理解させるとともに、国旗を掲揚し、君が代を斉唱させることが望ましい。（「道徳」）

6 「中学校学習指導要領」（「平成元年度」）

まず「調和」イデオロギーについては前掲のものと大同小異。「畏敬の情操」については、「人間の力を越えたものに対する畏敬の念を深めるようにする」（「道徳」）、とあり、天皇への敬愛については、「入学式や卒業式などにおいては、その意義をふまえ、国旗を掲揚するとともに、国歌を斉唱するよう指導するものとする」（「特別活動」）〔注13〕とあります。

7 「臨時教育審議会答申」（一九八六年）

この審議会設置の目的は、パックス・アメリカーナ維持のための共同運営体制（日米韓）の構成員として必要な新しい国家主義としての、天皇制的国家観、社会観（倫理観）、歴史観の育成にあります。中曽根内閣が敷設したこの路線は、以後の教育政策の方向を決定しました。ちなみに、戦後教育の「荒廃」の名の下に、それを「日教組」の責任として難詰する議論がありますが、実際戦後教育に最も大きな影響力をもったのは、自民党の教育政策です。教育の在り方を批判すればするほど、自民党は自分の首を締めることになるはずなのですが、そうならないところに問題があります。

「畏敬の情操」については、「人間の力をこえるものを畏敬する心」（「第二次答申」中「ひろい心」）が強調され、「調和」イデオロギーについては、「公共のために尽くす心、他者への思いやり、社会奉仕の心、郷土・地域、そして国を愛する心、社会的規範や法秩序を尊重する精神の涵養が必要」（「同上」「公共の精神」）〔注14〕とつづき、「郷土→地域→国」の同心円構造が見いだせます。

また、この「答申」と「近代の超克論」との関連をみておくと、「答申」は、今まで述べて来た「調和」「畏敬の情操」を「不易なるもの」とした上で、「不易なもの」すなわち「我が国固有の伝統文化」が「反省期」「西洋文明」の救済者である（第一回総会会長挨拶、会長は岡本忠雄前京都大学総長）、としています。内容については、「第一次答申」からみると、以下のような主張があります（要旨）。

近代文明の危機としての「教育荒廃」の本質は「物質中心と心の不在」であり「崇高なものへの畏敬の念の欠如、自然との触れ合いの希薄化、生命を尊重する心の不足」であり、その克服は「畏敬の念」「自然との触れ合い」「生命尊重」の精神たる日本文化における「不易なもの」によってなされる。

五 「愛国心」を〝教育〟することの欺瞞性

1 「愛国心」の強要は教育の場になじまない

国の在り方（過去・現在）を教えることは教育の仕事でしょうが、その上で国を愛するかどうかは各人の自由にまかされるべきものです。愛を強制するのは思想・信条の自由の破壊であるし、教育の目的は、〝現に在る〟国を愛せよと強制することではなく、〝将来在るべき〟国の姿を、しかも過去の過ちを誠実に直視しつつ、考える力を子供たちに身につけさせることでしょう。教育の役割は、現状肯定ではなく、未来の創造であるはずです。「教えるとは、希望を語ること。学ぶとは、誠実を胸に刻むこと」（アラゴン）であるはずです。

2 過ちをくりかえさない

「日本国民の精神は、アジア、否、全世界の他の諸民族に対する日本の民族的優越性を主張する有害なる思想により組織的に毒せられたり」（「極東国際軍事裁判起訴状」前文）という指摘があります。この「有害なる思想」とは、「国家神道」、「組織的に」とは国の教育制度を通じてそれが喧伝されたということでしょう。日本の侵略戦争は自国の国民を総動員して、アジア・太平洋地域の民衆に塗炭の苦しみを与えました。その破壊的謀議の遂行において威力を発揮したのが、教育を通じた「愛国心」の強要でありました。

愛国心の強要が、政治的暴力として行使され、受け手に「強制」として意識されているあいだはまだ救いがあります。政治権力が教育を支配することのおそろしさは、「強制」を、当然のものとしてしまうことにあります。

ニーチェは、人間が自らに不利な状況をすすんで選択してしまうことを「デカダンス」といいました。教育が政治に支配されることはこの「デカダンス」が大量生産されることを意味するのです。そこでは、状況が意識的に対象化され得ず、現に〝在る〟ものが〝在るべき〟ものへと変質するわけです。

3　心理学の国家動員を拒否する

教育が、子供の自由を保証し、一人一人の尊厳を確保し、自他の生命を尊重できるような人格の形成を目的とした本来の教育の姿をはなれ、自由を奪い、個人の尊厳を破壊することを通して、自他の生命を投げ出し奪うことを自発的になさしめるマインドコントロールに変質するとき、教育システムは、子供たちに一種のアディクト（中毒）をもたらします。国家や企業という権威や権力に依存しなければ生きていけない人間、そういった「集団の一員」（『心のノート』）としてしか自らの存在の確かさと充実を獲得できない人間をうみだすのです。

こういった「自立と自律」の収奪こそ、この国の人権侵害のかわらぬ方法であることを最後に強調しておきたいと思います［注15］。

注釈

[注1]　財界の天皇利用は一九八〇年代より本格化。たとえば関西経済連合会教育問題委員会は「教育の理念及び目的とするところは、日本人としての自覚に立ち、国の内外を通じて敬愛される人間を形成することでなければならない」「国旗・国歌の尊重、権利と義務の正しい識別と行動、長幼の序、父母への敬愛などは、日本人として当然備えるべき心構えである」と主張している（「教育改革への提言」一九八四年）。

[注2]　この経過に関しては、以下の興味深い指摘がある。これらの一連の動きを支える世代が、「人生の最初の学校教育を〝皇民教育〟という超国家主義イデオロギーにより、白紙の魂に〝刷り込まれた〟世代、特に太平洋戦争がはじまる一九四一年の四月から一九四五年までに国民学校で学んだ世代が、社会の中枢を占めはじめたことであろう。ちなみに小渕恵三元首相と森喜朗前首相が一九三七年生まれ、「新しい歴史教科書をつくる会」の代表であり執筆者である西尾幹二氏が一九三五年生まれである（中略）。その水面下には、これらの人々のそういう気分はわからないでもない、という世代も存在する（中略）。〝戦後教育〟の破綻と対比して〝戦前教育〟を何の検証もないまま、あたかも〝郷愁〟に似たプラスイメージとしてとらえている人の多くみられるのもこの世代である。」（入江曜子『日本が「神の国」だっ

た時代』岩波新書二〇〇一年)。現在の「愛国心教育」の恐ろしさはむしろ四〇年後、五〇年後に第二の「小渕」「森」「西尾」を生み出すことだろう。

[注3] 真善美の極致たる「国体」の本来の内容と意義を明らかにし、個人主義など西欧思想を排除するという名目で、一九三七年に文部省から刊行され、全国の官公私立の小学校、中学校、その他の教育団体に配布され、最終的には一〇三万部が出版された。その中心は「和」の思想であるが、現実には日本が東亜の盟主として、広範なアジア・太平洋地域を支配するべきだという「大東亜共栄圏」構想を思想的に支えるものであった。編集委員は、紀平正美(哲学・国民精神文化研究所所員)、和辻哲郎(倫理学・東京帝国大学教授)、久松潜一(国文学・東京帝国大学教授)、宇井伯寿(仏教学・東京帝国大学教授)など一四名、文部省から七名、その他嘱託で一〇名。

[注4] 『尋常小学校修身書』巻四(一九三七年)は「我が天皇陛下のお治めになる此の御代は、千年も万年も、いや、いつまでも続いてお栄えになるように」という意味だと説明している。

[注5] 山口和孝「〈宗教的情操〉教育の概念と史的展開」(『科学と思想』35号 一九八〇年)。

[注6] 近代批判の思想。「近代」をどう捉えるかによってさまざまなヴァリエーションをもつが、西欧の場合が具体的な出来事に関わる深刻な自己批判、例えば「成熟した文明の中でなぜアウシュヴィッツという最大の野蛮が出現したのか」を問う『啓蒙の弁証法』(T・アドルノ、M・ホルクハイマー著 岩波書店 一九九〇年)に代表されるようなものであるのに対して、日本の場合は、むしろ行き詰まった西欧文化・文明の克服者として、世界の救世主として自

己を位置づける自国文化の賛美の道具であり、次のようなステレオタイプ化された対立図式に自国を位置づけることによる自己肯定である。「個人・集団」、「もの・こころ」、「合理性・情念」、「ニヒリズム・神」、「力・道徳（モラリッシュエネルギー）」。これが戦争における軍事的対立にすりかえられると石原莞爾の「最終戦争論」のような特殊なJUST WAR THEORYができる。一九四二年の日本浪漫派と京都学派合同の討論記録『近代の超克』「第一節「移ろいいくものと易《かわ》らぬもの」では、日本文化に不変的なものとして、「明治維新によって現在までひきつがれている」「国民が天皇に直接し奉って居った無階級の時代」（林房雄）、「外国文化の影響を断固として受けない古文献（「古事記」「日本書紀」「万葉集」などの）にあらわれた日本精神」（林房雄、河上徹太郎）、「清明心、私心を滅したときに現れる心源であると同時に、天照大神の御心として国家生命のうちに伝えられ、神たちの末裔《まつえい》たる我々の血のうちにも流れているもの」（西谷啓治）、「自らも他も夫《そ》れ夫れの私を殺し、共同体的な全体を生かし、この全体において自らも他も生きるという「八紘為宇」の理念」（西谷啓治）、などという意見がだされた。

［注7］

この「家族国家論」は、深刻な社会矛盾（対立）を「もともと仲のいいはずの親子喧嘩」にする。その最たるものが、社会矛盾が集中する被差別部落の解放要求を、次のように〝かわした〟ことであろう（要旨）。

被差別部落は明治維新によって解放され一君万民の赤子として平等になるはずであったが、そうはならなかった。そこで解放運動が起こったのは必然であるが、その成果を上げ得ないのは、その運動が「自由主義・個人主義を基調とし、強い対立意識・闘争的方法」によったからである（文部省『国民同和への道』一九四二年）。

［注8］『心のノート』作成協力者会議の座長をつとめた河合隼雄氏は、『中空構造日本の深層』（中央公論社 一九八二年）において、以下のように主張している（要旨）。

現在の子供の「暴力」「無気力」は「強力な父性の出現」が待望されていることを示している。ただし、その父性は「徴兵制」「スポーツ」などによって「鍛える」父性ではなく、「合理的に思考し判断し、それを個人の責任において主張する強さ」を備えた個人である。しかしこの場合の「個人」は、「西欧のように自己主張・対立と排除、抹殺」「自己防衛」する個人ではなく、「中心に存在する唯一者の権威、あるいは力によってすべてが統合される構造＝中空構造」において「全体のバランスを保つ」ことが望ましい。そして、「日本的なもの」「日本人の心の深層」にある「天皇制」こそがその「中空構造」に他ならない。

この主張は、彼の敬愛するユングの心理学の構造に重なる。ユングは個人をこえた集団的無意識が存在し（河合氏のいう「日本人の心の深層」）、それは「元型」として発現し、各民族の神話となって表現されている（河合氏のいう「記紀神話」あるいは梅原猛氏の「縄文の心」）、と主張した。ユングは、一九三六年に発表した論文「ヴォータン」で、「ドイツ民族の中で長い間眠っていた古代ゲルマン神話の神ヴォータンが、死火山のようによみがえって活動をはじめた」のがナチスの運動である、と主張した。またユングは、「ユダヤ的無意識」よりも「アーリア的」無意識の方が「ポテンシャルが高い」という主張を「精神分析中央雑誌」に発表。この差別的発言は多くの批判を呼んだ（チューリッヒ新聞論争）。ユングは人的にも思想的にもナチスの大きな影響力の下にある「ドイツ一般医学精神療法学会」（会長はマティアス・ゲーリング＝ドイツ国防軍のヘルマン・ゲーリングのいとこ）と、その海外組織「海外一般医学精神療法学会」（会長はユング）で活動した。この問題について、精神科医で医学史家の小俣和一郎氏は、そうした活動の事実だけでなく、ナチスの「民族主義」とユングの「集団的無意識」、あるいは「民族の神話」をめぐる共通の思想など、その思想的関連性を問わなければならない、と指摘している（『精神医学とナチズム』講談社　一九九七年）。

［注9］　この心理主義の問題については、同じく小沢氏が、一九九九年東海村原発事故で日立市が教育委員会の相談室にカウンセラーを準備して「心のケア」を実施して、あたかも問題が原発の存在ではなく原発に由来する恐怖や不安であり、その不安を取り除くことの方が大事であるかのような様相を呈した、としてその「脱政治的作用」を指摘している。ついでにいえば、これはかっては宗教のお得意のパターンだった。例えば真宗大谷派の有名な暁烏敏は、足尾鉱毒の被害者に対して、苦しみの原因は鉱毒ではなく、鉱毒から逃れようとする被害者の権利意識にある、と批判した。心理学は宗教のこの蹉跌《さてつ》を踏むのだろうか。つまらないことは真似しないでほしい。

［注10］　「差別がいけない」ことを知っていても「何が差別か」を知らない場合がある。このことについては、辛淑玉氏が自分の体験を紹介している（『在日コリアンの胸のうち』カッパ

ブックス二〇〇〇年）。ある日社会科の教師が授業で『アンネの日記』を取り上げ、感動した辛氏が授業後に『アンネの日記』を貸してほしいと近づいた時、その教師は「汚いからよるな！」と拒絶した、というものである。この教師は、「ユダヤ人差別がいけないこと」は分かっていても、自分が、「在日朝鮮・韓国人差別をしていること」が分かっていないのだった。

〔注11〕 このトーンは戦後も一貫している。たとえば、「今の子供は〝知恵太り〟の〝徳やせ〟だ」「『教育勅語』は今日にも共通する命題」（田中角栄『自由新報』1973・4・23付）という発言。

〔注12〕 「人倫の根本原理は、個人を通じてさらにその全体性が実現されることにほかならない。（中略）。国家は個人にとって絶対の力であり、その防衛のためには個人の無条件的な献身を要求する。個人は国家への献身において己が究極の全体性に帰ることができる（中略）。ここでは一切の自由さえも自ら放擲して究極的な人間の全体性に没入するところの究極的な去私が要求される」（和辻哲郎『倫理学』岩波書店一九五七年）。なお和辻倫理学のこういった側面がもつ問題については、山田洸『和辻哲郎論』（花伝社一九八七年）、小坂国継『間柄の倫理』（伴博・遠藤弘編『現代倫理学の展望』勁草書房一九八六年所収）参照。

〔注13〕 「君が代」が「国歌」に変わったのは一九七七年の「学習指導要領」からで、当時の文部大臣は海部俊樹（福田赳夫内閣）。

〔注14〕 この「公共」については、その内実を示す次のエピソードがある。第二次答申が出された

一九八六年四月、東京高裁「厚木基地訴訟」第二審判決は、「米軍基地は高度の軍事公共性をもつものであり、公共性が高まれば受忍限度は高まる」として賠償請求を全て退けた。

［注15］『人権理解の視座―自立と自律を求めて―』（小笠原正仁・神戸修、明石書店二〇〇二年）参照。

［補足］自由民主党が結党されて、日本に巨大な保守勢力が誕生した翌一九五六年、国会に「臨時教育制度審議会」設置法案が上程された時の文部大臣は（本論で紹介済み）清瀬一郎である。彼が一九四三年、当時衆議院議員であったころの国会演説を紹介しておく（要旨、栄沢幸二『「大東亜共栄圏」の思想』講談社一九九五年）。

（大東亜共栄圏建設の）対外宣伝の任務の一つは、「八紘ヲ以テ宇ト為ス、各国及ビ各人ヲシテ各々其ノ所ヲ得シメル、道義ヲ基礎トスル新秩序ヲ建設スル、此ノ雄大ナ聖戦ノ大理想」を「浸潤、徹底」させることである。ビルマやフィリピンの独立も、英米流の「インディペンデンス」と同じように思っては「間違」いである。「道義」に基づく「新秩序ノ中ニ於ケル独立」でなければならない。八紘一宇の「大理想」をよく「宣伝」しなければ大東亜建設はできないのである。（一九四三年二月一七日、於第八一回帝国議会）

教育の反動化とは、人脈としては、このような発言を行った者が教育行政の頂点に立つということである。

第三章　再び「〝くに〟という宗教教団」

一　国体

1　国体の創出

国家神道の成立の背景には、日本の近代国家としての出発そのものが孕《はら》む問題があり、そもそも、それは国家のイデオロギーの一つではなく、むしろ国家組織の在り方（国体）そのものに内在するものとして形成された、ということは前著『人権理解の視座―自立と自律を求めて―』で述べました。もう一度伊藤博文の発言を引いておきましょう（要旨）。

憲法をつくるにあたっては、まず国の中核となり国民の紐帯となるべき、精神的な絆を設定することが不可欠である。ヨーロッパやアメリカには、宗教というものがあって、国の中心になり、国民の道徳の奥深くに根をおろして、国民を一つにまとめている。日本においてこの役目を果たせるのは、皇室において他にない。（帝国憲法草案審議会における演説「憲法の根本精神について」一八九三年　於枢密院）

ここから形成されたのが一言でいえば「国体」です。この国体は、その〝内容〟としては、古代（あるいは神話の時代まで）から連綿と続く天皇支配を説いていましたが、この伊藤発言からもわかるように、それは近代以降、国民統治の必要から、日本の国家組織として新たに人造的に創出されたものでありました。だから、この伊藤発言の年から勘定しても、「国体」の歴史はたかだか百年ほど（一九四五年の敗戦を考えるとほとんど五〇年！）のわずかな期間だということは、踏まえておくべきことだと思います。

ところでこの国体ですが、定義は一向にはっきりしません。わずかに、「万世一系ノ天皇君臨シ統治権ヲ総攬シ給ウ」国柄（一九二九年五月三日「大審院判決」）がありますが、これも国体を規定した「大日本帝国憲法」の規定をそのまま引用しただけで、いわば規定によって規定しているということになってしまい、「三角形の内角の和は一八〇度である、なぜなら内角の和が一八〇度の平面を三角形という」のとあまりかわりません。

2　国体の特徴

この「国体」の内容は、ほんとに漠として捉え難い。それが日本社会に及ぼした影響の凄まじさにもかかわらず。こんな指摘もあります。

ポツダム宣言の受諾（それは「国体」に対する最後通告でした―神戸）において、（略）

ここで驚くべきことは、あのようなドタン場に臨んでも国体護持が支配層の最大の関心事だったという点よりもむしろ、彼らにとってそのように決定的な意味を持ち、また事実あれほど効果的に国民統合の「原理」として作用して来た実体が究極的に何を意味するかについて、日本帝国の最高首脳部においてもついに一致した見解がえられず、「聖断」によって収拾されたということである。（丸山真男『日本の思想』岩波新書 一九六一年）

これは、実は、可能か不可能かという技術的問題というより、統治の手段として、意図的に「国体」を論理的に定義することを避けた、という方が正しい。この国体は、それ自体としての機能よりも、反国体の動きを徹底的に弾圧することにおいて、その力を遺憾なく発揮したのでした。「国体」の定義をあえて慎重にさけることによって、弾圧する対象を無制限に拡大できるという利点があったわけです。また、「国体」の名の下に統治される側としては、なにを理由にどのような形で弾圧されるのかがはっきりしない。不安を感じるわけです。そこで支配される側は、弾圧される前に、むしろすすんで支配者に媚《こ》び、先手をうって自主規制するという状況が現れて来ます（自立と自律の収奪）。これは、江戸時代の「法度」が明確なアナウンスをもって提示されず、そこからくる疑心暗鬼ゆえに、各藩の大名が〝すすんで〟幕府に服従していった、という構造に極めて似ています。いわば、「他律的自主規制」とでもいうべき状況が出現するわけです。

実際、反国体運動に対する弾圧は容赦のないものでした。「国体ヲ変革シ又ハ私有財産制度ヲ否認スル」者は死刑又は無期、という「治安維持法」による弾圧の苛烈さは、周知のことです。

また、こういう恫喝《どうかつ》をちらつかせながら、国体はじわじわと国民支配を強めて行ったのでしたが、この「国体」の支配の場合、外部的行動の規制という法治国家の原則が破られ、国家機軸が内面を統制していく、ということを意味しています。「国体」はなにしろ、国家組織の機軸として、日本という国の客観的システムを統一する原理としてだけではなく、欧米において、二千年の歴史を持つキリスト教が果たした役割をも一身に背負わされているわけですから。愛国心の強制の問題に典型的にあらわれているように、客観的に設定されたルールの遵守を強制するだけでなく、ルールの価値そのものを認めるよう強制し、人間の倫理を国家を中心にして画一化していくわけです。いわば、国家を心の中に打ち建てるのです（「他律倫理」）。丸山真男氏は、つぎのように指摘しています。

過激社会運動取り締まり法案が治安維持法及びその改正を経て、思想犯保護監察法へと「進化」していく過程はまさに国体が、「思想」問題にたいして外部的行動の規制（市民的法治国家の法の本質）をこえて、精神的「機軸」としての無制限な内面的同質化の機能を露呈していく過程でもあった。それは世界史的にも、国家権力が近代自由主義の前提であった内部と外部、私的自治と国家的機構の二元論をふみこえて、正統的イデオロギーへの「忠誠」を積極的に要請する傾向が露骨になりはじめた時期と一致していた。（前掲この「正統的イデオロギーへの〝忠誠〟を積極的に要請する」という、いわば「異端審問」にあたり、「異端者」の探索と逮捕そして抹殺の任にあたったのが、特別高等警察＝「特高」警察でした。この弾圧にあたった特高警察の残酷さと巧妙さは有名です。前著では小林多喜二の虐殺を紹介しました。ヨーロッパの異端審問制度においてそうであったように、「異端」取り締まりの任にあたった機関の拷問こそ、その制度の本当の姿を示しています。ここでは、多喜二が命を奪われる原因ともなった彼の作品『一九二八年三月十五日』の拷問の場面を紹介します。

> 渡は裸にされると、いきなりものも云わないで、後ろから竹刀でたたきつけられた。力一杯になぐりつけるので、竹刀がビュッ、ビュッとうなって、その度に先がしのり返った。彼はウン、ウンと、身体の外面に力を出して、それに堪えた。それが三十分も続いた時、彼は床の上へ、火にかざしたスルメのようにひねくりかえっていた。最後の一撃がウムと身体にこたえた。彼は毒を食った犬のように手と足を硬直さして、空へのばした。ブルブルッと、けいれんした。そして次に渡は気を失っていた。次に、彼は裸にされて、爪先と床の間が二、三寸位離れる程度に吊るし上げられた。「おい、いい加減にどうだ」、下から柔道三段の巡査が、ブランと下がった渡の足を自分の手の甲で軽くたたいた。「加減もん

でたまるかい」、「馬鹿だなア。今度のは新式だぞ」、「何でもいい」「ウフン」。渡は、だが、今度のにはこたえた。それは畳屋の使う太い針を身体に刺す。一刺しされる度に、彼は強烈な電気に触れたように、自分の身体が句読点位にギュンと瞬間縮まる、と思った。彼は吊されている身体をくねらし、くねらし、口をギュッとくいしばり、大声で叫んだ。「殺せ、殺せーえ、殺せーえ!!」。

松本清張氏は、この拷問に携わる人間の心理をつぎのように指摘しています。

「非国民」共産党員に対するテロは半ば公然と官憲に許されたものであった。天皇制に反対する彼らには、どのような暴力を加えようと、官憲は「天皇陛下の命令」という「使命感」によってその狂暴性を倫理化することができた。拷問するほうは、その実行途中で次第に人間の内側にひそむ野性をむき出してくる。無抵抗の人間の血を見て昂奮《こうふん》し、その昂奮がさらに彼らの加虐行為を駆り立てる。そこには数人でその行為を行うという群衆心理もある。また、上司や同僚の目前で勇敢にそれを行うことができるという英雄心理にもなる。拷問を行う人間も、傍観している人間も、ひとしく動物的な野性に戻っている。周囲に即製の防音装置をめぐらしたこの密室の中で何を行おうと思いのままだった。人間の本能に巣喰っている残虐性が幕末の絵師月岡芳年の描く「無残絵」を好んだ人間のサディズムが、警官たちの血を滾《たぎ》らせたのである。かれらは眼をつりあげ、蒼白になった顔に歪んだ笑いを浮かべ、無抵抗者にリンチを加えた。たとえ、相手がそれで死のうと、いっこうにさしつかえはなかった。そこは、警察医によって、いつでも「病死」の診断が用意されているからである。（『昭和史発掘』5巻　文芸春秋社　一九六七年）

ただ、帝国議会で、この拷問の問題を正面から追及した勇気ある代議士がいました（昭和三年四月二八日、衆議院予算委員会）。「山宣一人孤塁を守る。だが私はさみしくない。背後には大衆がひかえているから」という演説で有名な、当時の労働農民党の山本宣治（山宣＝やません）です。しかしその山宣も、議会内外での治安維持法〝改正〟反対に奔走する最中の一九二九年三月五日、右翼テロに襲われ、四一歳の若さで、宿泊先の旅館で刺殺されます。犯人は「七生義団」という右翼団体の黒田久保二という元警官でした。犯人は「正当防衛」とされ「懲役一二年」の判決で実質六年で出獄、後に大杉栄を虐殺した甘粕正彦の勧める「満州国防協会」で働きました。ちなみに「七生義団」は、内務省警保局特高課嘱託桜井敏雄が門司警察署長時代につくらせた団体が起源でした。

3　国体の強制

こういった「国体」は、今紹介した特高警察の恫喝を背景にしながら、公教育を通じて子供たちの心に刷り込まれていきました。その教育は、教育というよりもむしろ、人間の自立と自律を奪うマインドコントロールの様相を呈していたのでした。このマインドコントロールの内容を構成する柱は一体なんだったのか。それを、私は、「奇跡と神秘と権威」というキーワードで示したいと思います。

この三つのキーワードは、実は、ロシアの文豪ドストエフスキーの大作『カラマーゾフの兄弟』の中に挿入されている「大審問官」という、兄弟の次男イワン・カラマーゾフが弟のアレクセイに語って聞かせる劇詩によります。異端審問が猖獗《しょうけつ》を極めた一五世紀スペインの町セビリアを舞台として語られるこの劇詩は、人間洞察の天才ドストエフスキーの、人間の自由に関する、暗く、悲劇的で、ニヒリスティックな思想を基礎にしています。異端者を焼く審問官は、「人間にとって自由はむしろ苦痛である」という認識から出発します。そして人間の自由に期待して自由な選択を基礎にした信仰をめざしたイエスの試みは失敗した、と語ります。人間を思いやるなら、むしろ彼らの自由を奪ってやるがよい、と。むしろ自由の剥奪《はくだつ》こそ、人間に対する慈悲であり、自分はこの慈悲にもとづいてキリスト教を立て直したのだ、と。そして、「自由に耐えられない哀れな人間にたいする慈悲」にもとづいた信仰の柱こそが、奇跡と神秘と権威なのだ、と。「我々は、お前（イエス）の仕事を修正して、それを再び、奇跡と神秘と権威の上に打ち建てた」と大審問官はうそぶきます（筑摩書房『ドストエフスキー全集』第一〇巻、小沼文彦訳、一九六三年）。自由を求めるキリスト者こそが異端者であり、かれらを焼き殺すことと、奇跡と神秘と権威による支配は、裏腹の関係にあるわけです。

ここには、作品中のエピソードということを越えて、大作家ドストエフスキーの人間の自由の問題に対する、深刻で悲劇的な直感が横たわっています。その優れた洞察は、時と場所を超えて、近代日本の超国家主義的教育の本質を照射するものであると、私には思えてなりません。

具体的にいえば、まず「奇跡」とは、「神話教育」がそれにあたるでしょう。歴史と神話が渾然《こんぜん》一体となり、「日本は神の国」という認識を植え付けるわけです。そして「権威」とは、日本の国家組織の頂点に位置する天皇が「万世一系」（「大日本帝国憲法」）として、神々の連綿たる系譜の先端に位置している、というフィクションが、それにあたります。さらに「神秘」とは、そういった天皇が統治する日本の国柄（国体）が、あらゆる学説や定義を巧妙に回避され、その本質が空洞のまま温存された（先ほどの丸山真男氏の指摘）ということが、それに当たるでしょう。そして空虚な内容を何か実体のあるものとして提示し、感得させるためには、大仰な儀式が一番です。学校における「『教育勅語』捧読式」などの儀式、日の丸、君が代などのシンボル操作の多用は、すでに紹介しました。

二　国体の中核（国家神道）

1　定義と教義（教典）

国家神道の定義と教義と教典については、前著『人権理解の視座―自立と自律を求めて―』で紹介しましたので詳しく述べません。要点だけを確認しておくと、定義についてはいわゆる「神道指令」にいう「日本軍国主義の宗教的側面」という説明が要を得ているかと思います。また、宗教学の立場からは「日本固有の宗教であるいわゆる「神道」を主たる材料として、一定の目的に沿うように、一八六〇年代以降に人為的に作られた宗教」（菱木政晴『解放の宗教へ』緑風出版一九八八年）という定義がこの宗教のもつさまざまな問題をカバーしていると思われます。

教義については、簡潔に「天皇の神聖性→天皇を中核とした国家組織の絶対性→絶対の国家の行う行為（たとえば戦争）の崇高性→崇高な行為に参加し犠牲になることの名誉」という形でおさえることができると思います。

教典としては、天皇の政治的絶対性（天皇）を、「万世一系」「統治権の総攬《らん》者」「神聖ニシテ侵ヘカラス」として宣言した「大日本帝国憲法」、天皇が一切の道徳の源泉であり基準である（天子）と、天皇への「距離への情熱」を日本倫理の根幹として宣言した「教育勅語」、そして、国のもつ物理的暴力装置が一人天皇のものである（大元帥）と宣言した「軍人勅諭」があげられ、また、この三つの経典の正統的解釈書として、国定教科書の範たる「国体の本義」がありました。

2 本尊

本尊（救い主、この本尊への帰依と、それを中心とした儀式の執行により教団信者は、その宗教の教義を感得する）については、まず、天皇です。これは国家神道時代の現役天皇から、歴史上の天皇や神話中の天皇も含みます。そして、国家神道の目的たる侵略動員のお手本となるような歴史上の人物（豊臣秀吉や忠臣楠木正成）や勲功のあった軍人、そして「戦死」（厳密な意味での）した一般民衆（靖国神社に合祀《ごうし》されて英霊となっている）。祭神は多様ですが、侵略動員という国家神道の目的に役立つということがその基準なのです。

3 布教施設

布教施設（仏教の寺やキリスト教の教会にあたるもの）としては、祭神を祭った巨大神社があります。なかでも大事なのは、国家神道の位階秩序の頂点に立つ伊勢神宮と、国家神道の目的たる侵略動員の中核に位置する靖国神社です。その他に、侵略し、占領した地域につくった海外神社や建国神廟がありました。そして、なによりも公教育の施設、特に小学校がありますここでは、常に「修身」「地理」「歴史」などを通して恒常的に国家神道が児童に注入されていましたし、「祭日」には、国家神道の儀式の会場となりました。大江志乃夫氏はこの学校行事を「天皇教のお祭り」（『靖国神社』岩波新書 一九八四年）、菱木政晴氏はこの小学校を「擬装施設」（前掲『解放の宗教へ』）と呼んでいます。

三　国体の中核の中核（靖国）

1　教　義

国家神道の中核たる靖国神社についても、重複をさけて簡潔に確認したいと思います。教義は、前著でも紹介しましたが、大事な点なので繰り返します。

靖国神社は東京の九段坂の上にあります。この社《やしろ》には君のため国のために死んだ人を祭ってあります。春と秋には勅使をつかわされ、臨時大祭には天皇皇后両陛下の行幸啓になることもございます。君のため国のためにつくした人々をかように社にまつり、またていねいなお祭りをするのは天皇陛下のおぼしめしによるのでございます。わたくしどもは陛下の御めぐみの深いことを思い、ここに祀《まつ》ってある人々にならって、君のため国のためにつくさなければなりません。（『尋常修身書』巻四　一九二〇年）

こういった靖国教義を、菱木政晴氏は、（1）聖戦教義、（2）英霊教義、（3）顕彰教義の三つに整理しています（前掲『解放の宗教へ』）。

さて、この靖国思想は、戦後の諸改革の中で払拭《ふっしょく》されるはずでした。靖国神社は一宗教法人となり、戦後しばらくは軍国主義はそのなりを潜めていました。しかし、三木首相の参拝（私人として）をかわきりに、靖国神社への現職の総理大臣や閣僚の参拝が活発となり、そして一九八五年、当時の中曽根首相が「内閣総理大臣」として公然と公式参拝を行うにいたります。その中曽根首相が軽井沢でおこなった演説があります。これはもう靖国思想そのものです。

いずれにせよ、どの国家にせよ、米国にはアーリントンがあり、ソ連に行っても、外国に行っても、無名戦士の墓であるとか、国のために倒れた人に対して国民が感謝を捧げる場所がある。当然のことである。さもなくして、誰が国に命を捧げるか。そういうことも考えて、しかも憲法上、違反にならないように、言い換えれば、政教分離、宗教と政治の分離の問題にさわらないように注意して解決していかなければならないと思っている。

（中曽根康弘 一九八五年七月 於自民党軽井沢セミナー）

また、二〇〇〇年五月一五日の、当時の森首相のつぎの発言も有名です。見識も教養もない下品な発言で、引用するのもはばかられるようなものですが、靖国思想は滅びていないということを示すために、紹介しておきます。

最近、村上正邦自民党参議院会長の努力で「昭和の日」（法案）を作成し、天皇在位十年のお祝いをさせていただいた。今の私は政府側にいるわけですが、若干及び腰になるようなことを、しっかりと全面にだして、日本の国、まさに天皇を中心にしている神の国であるということを国民のみなさんにしっかりと承知していただく。その思いで我々が活動して三十年になった。（略）神社を中心にして地域社会は栄えて行くということを、皆が勇気をもってしっかりとやることによって21世紀が輝ける時代になる。（『毎日新聞』２０００・５・16日付）

また、こちらの方は、ずっと巧妙なのですが、二〇〇一年八月三日の『産経新聞』に、「国民はほんとうに喜んでいます」と題された「小泉首相の靖国参拝を支持する国民の会」（代表発起人に、小林よしのり氏、中西輝政氏〈京都大学教授〉、渡部昇一氏など）の意見広告が掲載されています。その中で、参拝を求める声がいくつか紹介されています。

〝志をつらぬいて下さい〟　私の二人の兄はサイパンとニューギニアで玉砕しています。大切な二人の子供を戦死させてしまって嘆き悲しんでいる母の姿が五歳の頃の私の脳裏に焼き付いております。日本の繁栄の礎となった人々の死を犬死にしないで下さい。（主婦六二歳）

この声には悲痛の響きがあります。この女性は、靖国神社への参拝を望んではいても、決してストレートに戦争は素晴らしい、と賛美しているわけではありません。ここにあるのは言わば「無念の思い」であって、単純な戦死者への感謝ではありません。しかし、その「無念の思い」が、「首相が参拝してくれなければ晴れない」という要求に結び付けられ、結果的に靖国思想を支えてしまうことにつながるわけです。いわば靖国思想は、この「無念の思い」を養分にして吸収し、その上に戦争賛美という花を咲かせるがゆえに、単純な戦争賛美よりも、一層罪が重いのです。この「無念の思い」は、方向が変われば、「戦争はもうこりごりだ」ということにもつながり、その反戦・厭《えん》戦の思いは、可能性としては、靖国思想に対して距離を保つという態度にもつながり得るでしょう。しかし、深刻なのは、つぎのような場合です。私は、これを読んだときに、重苦しい気分になりました。無念の思いや悲惨な体験を欠いたところで、純粋に靖国思想がうけとられると、このようなことになるのか、と。

〝昔の人たちに感謝を〟　小泉総理へ、カゼは大丈夫ですか。ぼくのお母さんは、いつも日本のこどもたちが今豊かにくらせるのは、昔のひとたちが、自分たちの利えきばかりを考えず、ときには命をすててみんなのために日本の子どもや孫や未来のためにがんばってくれたおかげだと言います。その感しゃの気持ちを小泉総理が靖国神社で祈ってくれるとうれしいです。（小学校四年生）

小学校四年生というのが気掛かりです。そういえば、前出の『尋常修身書』も、教える対象は小学校四年生でした。

2 本尊

靖国神社の本尊は、英霊、すなわち戦死した兵士です。しかしこの場合の「戦死」は厳密な意味でのそれです。侵略の作戦遂行中に、軍務を帯びて死んだ人々であり、杜撰《ずさん》な戦略のおかげで戦地で病死あるいは餓死した兵士は「特別合祀（特祀―正式ではないけれど天皇の特別のはからいによるという意味）」、空襲や原爆での犠牲になった一般市民、沖縄戦で「自決」を強要されたり、あるいは「足手まとい」「泣き声で敵に見つかる」として、日本軍に強制された親に殺された赤ちゃんなどはほとんど見向きもされません。それはそうでしょう。こういった犠牲者が語りかけることは「戦争はもうやめてほしい」ということであって、戦争が「立派な行為だ」ということでは決してなく、それでは、国家神道の教義たる侵略動員という目的を果せないからです。

3 布教施設

布教施設についても前著で紹介しましたので、そこから漏れた問題について述べましょう。

靖国思想の最大の布教施設は、いうまでもなく、靖国神社ですが、この靖国神社は都道府県単位の護国神社と市町村単位の忠魂碑をもち、いわば全国に「ヤスクニネットワーク」をはりめぐらせています。このうち、護国神社での最近の動きを紹介しましょう。

【護国神社に「聖戦」の碑】　〝太平洋戦争は「自衛の戦い」「アジア民族解放」〟　明治以降の戦死者をまつる石川護国神社の境内に、「大東亜聖戦大碑」をたてる計画が進んでいる。全国に52ある護国神社の中での記念碑の碑文に太平洋戦争を「聖戦」と表現した例はあるが、正面から「聖戦」とうたった碑は初めてになるという。計画によると、石碑は高さ12メートルで、境内の奥参道に立てる。「大東亜戦争」を「自存自衛の戦い」「アジア諸民族解放の宿願が達成された聖戦」と意義づけ、日本国憲法を「亡国憲法」と非難する碑文を刻むという。建設費は大半を募金で賄い、すでに目標の半分近い約五千万円が集まったという。実行委員長を務めている会社社長中田清康さん(67)は、「戦後五四年がたって元兵士も高齢化しており、あの戦争の本当の意味を伝えるのが狙い。慰霊や鎮魂の碑ではない」と趣旨を話す。(『朝日新聞』1999・8・14付)

この「慰霊や鎮魂の碑ではない」という発言には、期せずして靖国思想の本質が語られています。「戦争のために死んだ人を追悼するのが悪いのか」というタテマエに隠れた靖国推進派のホンネの部分が吐露されているわけです。

4　その特徴

特徴についても簡単に整理しておきましょう。

第一に、敵・味方の峻《しゅん》厳な区別があります。「区別」というより、敵は「賊」として憎まれ、また蔑視されます。倫理的にいえば、「味方が敵を殺してもいい」が「敵が味方を殺すのはいけない」ということで、「殺すな」という倫理が普遍性をもたず、倫理の要請が民族の中に自己完結してしまっているということです。この自己完結したコクーン（繭）での「和気あいあい」が「和の精神」とかなんとかいって自画自賛されているわけです。ですから、靖国参拝に対してアジア諸国の非難があがると、それは「内政干渉だ！」と逆ギレするわけです。こういう靖国の構造、あるいは広く「国体」の在り方を、倫理学者の持田季未子氏は「他者と出会えない構造」（『希望の倫理学―日本文化と暴力をめぐって―』平凡社 一九九八年）と、簡潔に表現しています。

第二に、人間の道具視という点です。これは靖国の合祀基準を考えれば明白ですが、国の目的のために役立つ「死者」は徹底的に利用し、役立たない死者は忘却する、ということです。人間を国家目的実現の手段としているということです。そして合祀されている死者に対しても、この「道具視」はあてはまります。なぜなら合祀の目的は、前出の護国神社の例でもあげましたが、合祀者への慰霊でも、鎮魂でもない。「新たに合祀される者」の獲得だからです（「顕彰教義」)。靖国思想の向いてる方向は〝前〟であって〝後〟ではないわけです。

第三に、靖国思想は、死という人間にとっての大問題、その前で立ち止まらざるを得ない問題と密接にかかわっています。戦争は死と関係が深いのですが、人間は死ぬことそのものとともに、その死にどんな意味があるのか、あるいは逆にそのことを通して自分の生にどんな意義があったのかを深刻に反省せざるをえません。死に意味がないということほど、恐ろしい、ニヒリスティックな状況はないわけです。そして靖国思想は、その死に対して、非常に歪んだ形ではありますが、「英霊」という意味を供給する、ニヒリズムを克服する一つの形なんですね。靖国思想の底には、たくさんの「無念の思い」があると前にいいました。そこには、死んでいった人々の「死に意味があってほしい、無意味であることには耐えられない」という切実な欲求があります。靖国の本質は判断よりも当為の問題にあります。前の意見広告から、もう一つの〝声〟を紹介しましょう。

〝友との誓い〟　小泉首相の靖国神社参拝を支持し、如何なる協力も惜しみません。私の友人或いは戦友の多くは「靖国神社で又会おう」と誓いあって戦場で散っていきました。当時、私も戦死したら国民はきっと敬意と感謝をこめてあの桜の美しい靖国神社に参拝してくれるだろうと信じていました。(七九歳)

こういう思いを射程にいれないと、靖国思想の根深さがわからなくなってきます。

四　靖国からの解放

1　靖国を知る

こういう靖国思想から解放されるためには、何が大切なのでしょうか。まず、靖国思想の本質を見極めることが大前提です。三つの教義の中では「顕彰教義」こそその目的なのだと。「戦争犠牲者を追悼して何が悪い」という議論に落ち込まないためにも。

さらに、靖国思想の特徴を充分認識することが必要です。そして、むしろそこからそれを克服する方途を探るということ。しかし、実はその方途を探すヒントになる議論がすでに提示されています。哲学者のイマヌエル・カントの「善意志の三原理」といわれる議論です。カントは人間の倫理の源泉を人間の善なる意志に見いだし、そこを貫徹する原理を三つ提示しています。

第一に「普遍性の原理」。「あなたの格律が普遍的法則となることを、それを通じてあなたが同時に意欲できる格律にしたがってのみ行為せよ」(『道徳形而上学原論』岩波文庫版 一九六〇年以下同じ) という原理です。「殺すな」という倫理が共同体の利益の下部に位置づけられ、その中で自己完結してしまっている靖国思想に対する鋭い批判となり得る原理だと思います。第二は「人間性の原理」。「あなたの人格ならびに他の人格における人間性を常に同時に目的として用い、決して手段として使用しないように行為せよ」という原理です。これは、人間性はおろか生命までもが、国家目的実現の手段とされてしまう靖国思想に対する強いアンチテーゼとなるのではないか。第三は「自律の原理」。「意志が自分の格律によって自分自身を同時に普遍的律法を行う者とみなしうるようにのみ行為せよ」という原理です。これは、「英霊思想」でニヒリズムを克服するかのような幻想を与える靖国思想から解放される跳躍台になり得る原理ではないでしょうか。カントのこのような思想は、リゴリズム（厳格主義）で理想論だといわれるかもしれません。また、新しいことが同時に正しいこととされがちな日本の思想風土においては、「いまさらカントなんて」ということになるのかもしれません。しかし、優れた思想は必ず「考える」価値があると同時に「考え直す」価値があるものです。

2　美辞麗句に騙されない

靖国思想からの解放のために、「美辞麗句に騙されない」ということを忘れてはならないと思います。ザ・ブルーハーツの歌に「すてごま」という強烈な皮肉の歌があります。靖国思想では、「英霊」とか「国のため」とか神秘的で高尚な言葉が並んでいますが、靖国思想とは、結局人間に「すてごまになれ」ということではないか。言葉の粉飾の背後にある事実を直視すること、これが靖国から私たちが解放される原動力であると思います。

二〇〇一年の小泉首相の靖国神社公式参拝の後、その行為は「政教分離」原則を破壊し、国家神道の復活に活をいれて平和に対する脅威となる、という趣旨で「小泉首相靖国参拝違憲アジア訴訟」が提訴されました。その訴訟の「意見書」の一部を紹介して、この章を終えたいと思います。

殺されたくない、死にたくないというのは、誰しも同じだが、そのためには〝殺す〟〝殺させられる〟位置にいる、つまり、兵隊にならないのが一番だということは、必ずしも誰にもわかるということではない。わかりそうなこのことを、わかりにくくさせているのは、〝殺させられて、殺し、殺される〟ことを、〝国のために死ぬ〟だとか〝英霊〟だとかさまざまに粉飾され美化されているからだ。近代日本は、そういう美化装置の最大のものを〝宗教施設〟として持った。靖国神社である。これを小泉首相はしっかりと使った。またぞろ使われようとしている。これに対して、私たちは、殺された側はもちろん、殺させられ、殺した者の痛恨の思いを込めて、この侵略美化装置の利用を永遠に停止させる裁判を行う。

第四章　人権侵害について

一　人権侵害の本質

1　人が「モノ」になる

最後になりましたが、人権侵害についてやや総論的なことを述べてみたいと思います。「人権論」の講義をしていると、よく学生に「人権侵害って一言でいうと何なんですか?」と聞かれることがあります。無論一言で言うことはできないですが、この問いを「人権侵害の（従って人権というものそのものの）本質」と言い換えてみれば、やはりこういうことになると思います。それは、「人がモノになるということだ」。

「人がモノになる」という状態を端的にあらわしている例をあげてみましょう。IGファルベン社からアウシュヴィッツ強制収容所所長にあてた手紙です。

「新しい睡眠薬の実験に関し、もし相当数の女性を調達してくだされば、まことに幸甚に存じます。」「貴簡拝読いたしましたが、女性一人につき、二〇〇マルクという値段は、少々高すぎると存じます。当方としてはせいぜい一人一七〇マルクしか払えません。この値段でよければ、女性をひきとりたいと思います。必要数は、一五〇名です。」「早速ご了承下さってありがとう存じます。できるかぎり健康状態のよい女性一五〇名をご用意ください。ご通知ありしだい、早速ひきとります。」「注文した一五〇名の女性、まさに受け取りました。多少やつれてはおりますが、まず満足すべき健康状態にありました。実験のなりゆきにつきましては、たえずご連絡申し上げる所存でございます。」「実験が行われました結果、被験者はすべて死亡いたしました。新しい注文については、近いうちにお知らせいたします。」（ブルーノ・ベッテルハイム『鍛えられた心』法政大学出版局 一九七五年）

強制収容所は、「人間の抹殺」という問題に対し、生命の尊厳と人間の平等を追求するという「価値合理性」を放棄し、効率的に抹殺するにはどうしたらよいかを追求する「目的合理性」が極限にまで肥大した人間破壊システムでした。そして、この人間破壊システムは、抹殺という「目的合理性」の権化のような「精神なき専門人」（M・ヴェーバー）たる「優秀な官僚」によって支えられていました。典型的なのが、移送を担当したA・アイヒマン、そして最大の絶滅収容所所長のR・ヘスでした。

ヘスは眉ひとつ動かさず、二〇〇万人から三〇〇万人のユダヤ人とその他の犠牲者をガス室と焼却炉と収容所で「処理」したことを簡潔に、事実にそくして報告した。彼は、勤勉、能率、秩序、規律、清潔を異常なほど重んじていたので、第三帝国が充分な輸送力、食料、医療品、衛生施設、管理人員を供給できないことに絶えずショックを受けていた。彼はベルリンの上司にうるさいほど物資の供給の増大と、正直で残忍でない、人員の派遣を要求し、また特に新しい囚人の積み出しを遅くして、より能率的な処理施設、すなわち働けない者にはガス室と焼却炉を、収容所で働ける者には快適な環境をつくる余裕を与えてくれるようにと、絶えず要請し続けた。（前掲『鍛えられた心』）

抹殺を効率的に行うため、強制収容所のシステムは考え抜かれたものでした。もう少しこの深刻な問題を詳しくみていきましょう。

2 キーワード「安全」「尊厳」「自由」

人間がモノになるということの背景には、特定の人間が特定の人間（非人格的なシステムである場合もある）の手段になる、ということです。「手段」に対する価値判断の基準は「有用性」、「役に立つ・立たない」ということ、これが問題の重要な一つの点です。

第二に、そういう「モノ」は、役に立たないと判断されたり有害と考えられたりすると捨てられたり、抹殺されたりする危険が常にあります。究極的にはその生命が奪われるということをも含んだ「安全」の破壊です。また、そういう「モノ」は、役に立てば何（誰）でもいいということになります。ここではその人がこの世界で一人の、交換不可能なかけがえのない存在であるという事実、すなわち「尊厳」が破壊されています。さらに、そういう「モノ」は、その支配者や所有者の管理の下にありますから、自由に行動することは許されない。すなわち「自由」の破壊です。そしてそれら「安全・尊厳・自由」の破壊という外部的事態は、それぞれ「安心・自信・内面の自由」の破壊という内部的事態をもたらします。人権侵害の内容を多少分析的に述べると、人権侵害とは「安全・安心／尊厳・自信／自由・内面的自由」の破壊ということになるでしょう。私は、「人権とは何か」という問いに対しては、これら三つのキーワードをもって答えておきたいと思います。

3　人権侵害の構成

人権侵害は、自然の現象ではありません。何者かが、何らかの目的を持って、特定の人々の人権（安全・尊厳・自由）を侵害するのです。誰が侵害の主体となるのか。これはあえて単純明快に「強い立場の人々」ということになると思います。最たるものは国家権力でしょう。死刑制度や徴兵制度という、人を殺すという最大の人権侵害を合法的に強要することができるということを見ても、それは明らかです。また、社会不安が増大したときに、国家権力に煽られた「群集」も、侵害の主体としての国家権力に付随するものとして考えることができます（ナチスへの熱狂や、軍部のデマに煽られた民衆による関東大震災における朝鮮人や中国人の虐殺など）。あるいは企業などの社会集団も巨大な力を発揮します。現在の過労死や過労自殺の深刻さは、まさに企業が社員個人の上に巨大な権力として君臨していることを示しています。こういう形で、国民にとっての国家、個人にとっての集団、弱い集団にとっての強い集団は、常に人権侵害の主体となる危険性をもっています。この観点から言うと、人権とは、社会における力の不均衡の是正という意味を持っているわけですね。そこには正義を、平等と不平等の矯正と観念する、ギリシャ以来の伝統が息づいていることをも指摘できます。ちなみにドイツ語で、権利も正義も法も **Recht** ですね。権利は正義の観念と裏腹であり、それらは現実にそれを実現する法と不可分である、という考え方が窺えて興味深い。

では、強い立場の人達はどのようにして弱い人達の人権を侵害するのか。これも複雑な問題で、一言ではいえませんが、あえて簡潔に言うと、「暴力」あるいは「権力」によって、ということだと思います。「暴力」というのは単に殴る蹴るなどという物理的な暴行をのみ指すのではなく、およそ「その人に対して、その人の意志に反して何かをさせる、あるいはさせない力」ということができます。だから、たとえば社員旅行の宴会なんかで、女性社員が、なんとなく男性上司にお酌しないと悪いような、そんな無言の圧力がかかる状況を想定してみてください。それに対して「権力」とは、組織化され「正当性」を伴った暴力であると言うことができると思います。しかも、その正当性がその社会の人々に自覚されないほど深く浸透する場合があり、その中ではたとえば、戦争によって命を奪われるという暴力が、「戦争に行って死ぬなんていやだ！」という思いを圧倒して、「天皇陛下のために死ぬのは日本人として〝当然〟のことだ」という具合になるわけです。

4　人権侵害の定義

ここまでのことをまとめて、一応作業仮説的なものではありますが、人権侵害を定義しておきたいと思います。

「特定の人々が、暴力や権力を用いて（ということは「正当化論」を伴って）、自らの利害を確保するために、特定の人々を、手段にすることで、被害者は、安全と尊厳と自由を破壊される。」

5　人権侵害正当化論

人権侵害に伴う正当化の観念装置について簡単に説明しておきましょう。

よく人権侵害なのに、あたかも被害者のためだ、と強弁する人があります。例えば、子供を虐待しているのに、「しつけ」と言ったり、あるいは生徒に暴力をふるっているのにそれを「教育」だとか強弁する場合ですね。「安楽死」というのもこの問題に属するものではないでしょうか。ナチスが行った障害者「安楽死」計画（T４計画）は、「Gnadentot（慈悲殺）」と呼ばれました。これらをまとめて「〝おまえのため〟論」と呼びたいと思います。

次に、問題を被害者個人の在り方にすり替え、それを生み出すシステム（の不備）の問題や加害者の責任を曖昧にしてしまう場合です。よくあるのは、性暴力の被害者に対して、「挑発的な服装が原因」だとか、「逃げなかったのは合意があったのではないか」だとか、「夜中にフラフラしているのが悪い」などと批判される場合です。江戸封建体制において「宿業思想」が喧伝され、たとえば被差別部落に生まれた人や身体に障害を持って苦しんでいる人に対して、「それはあなたの前世での悪行が原因」と説明するわけです。いまどき「前世」などというと笑われますが、この「宿業」という考え方は、苦しいのは「おまえが悪い」というメッセージを送って、その人の居る社会の構造や実際にその人を苦しめている人の責任を問わせないということにその本分があるわけです。そう考えると、「そんな短いスカートをはくから襲われるんだ」という発想は、本質的には「宿業思想」なわけです。これをまとめて「〝おまえが悪い〟論」と呼びたいと思います。

次に、人権侵害を心の問題に矮小《わいしょう》化していくという手練手管があります。例をあげますと、一九六七年一二月一三日、衆議院予算委員会において、日本における住宅政策の無策あるいは貧困と憲法二五条の「生存権」との矛盾について糺《ただ》された首相が、「住んで居る本人たちが幸福だからいいではないか」という答弁をしました。個人の思いという問題と客観的な制度あるいは社会的な義務の問題を、混同（意図的に？）しているわけです。この類いの人権侵害正当化論を「〝心の問題〟論」と呼びたいと思います。

次に、多数の人の安全のためには少数の人の犠牲は仕方がない、という形での侵害正当化がありょす。これを典型的に示したのが日本のハンセン病者隔離政策でしょう。この政策は、患者の治療や社会復帰を促すものではなく、患者を一つの社会悪として社会から遠ざけるという社会防衛政策でした。しかも隔離は、この病が伝染力が弱いということが充分認識され、プロミンという特効薬ができた後あとまで存続し続けました。この隔離政策設定に重要な役割を果たしたのが光田健輔（国立療養所長島愛生園園長）です。彼の発言をあげておきます。

手錠でもはめてから強制的に入れればいいのですが、ちょっと知識階級になると何とかかんとか理由をつけて逃げるのです。そういう者にも対応した、強制の強い法律をつくっていただかんと困るのです。（「参議院厚生委員会議事録」一九五一年一一月）

多数者の利益の優先とは、単純に多数者の利益と少数者の利益との比較の話ではなく、少数者の利益が命と人格に直接関わる問題（隔離）であり、それに対して多数者の利益が取るに足りない（いわれのない偏見からくる恐れ）ものであっても、その場合でも、多数者の利益が多数者の利益であるがゆえに優先されるということです。この類いの人権侵害正当化論を、「〝みんなのため〟論」と呼びたいと思います。

次に、神や天皇やグルのため、という使命感が人権侵害を正当化することがあります。「魔女狩り」に対するパスカルの言葉は第三章で紹介しました。また日本の特高警察の拷問の心理も。これらの侵害正当化論を、「〝神のため〟論」と呼びたいと思います。

あるいは侵害を避けられないものとして諦めを誘う議論があります。性暴力は性本能に起因する、差別は「煩悩」だからなくならない、戦争は人間が破壊本能を持つ限り続いて行く、戦争は文明間の対立であるからなくならない、などなど。この類いのものを「〝しょうがない〟論」と呼びたいと思います。

さらに、言い換えや定義の変更によって人権侵害を侵害と見させないということも可能です。ナチスの官僚は、抹殺あるいは虐殺を「処理」と言い「解決」と言いました。また、「脳死」概念の登場によって、今まで「瀕死」や「重体」あるいは「脳不全」状態の人から臓器が摘出され、従来なら殺人として告発される行為が合法的行為となり、その行為は「命のリレー」などと称賛されています。言い換えや定義の変更によって、「それならいいか」ということになってしまい、人権侵害が正当化されるわけです。この類いの人権侵害正当化論を、「〝それならいいか〟論」と呼びたいと思います。

二　人権侵害の性格

1　継続する

人権侵害は、突発的な不可測の過失ではなく、目的をもった自覚的な行為です。それだけに単なる過失とはちがって、深刻な事態をもたらします。その性格の主なものを、指摘しておきたいと思います。まず継続する、ということです。

一つには、人権侵害は、その被害現場から離脱することが困難な場合が多いわけです。というより、侵害は、そういう現場であることを認知した上でなされる。たとえばセクハラがそうですね。セクハラは、単純ないやがらせではなく、人事権その他の権力を背景にした一種の恫喝です。現場は職場です。上司の要求は断りにくいし、また生活がかかっていますから、被害者は簡単にやめるわけにもいかない。現場から離脱しにくいわけです。そういうことを利用してなされるわけです。また、児童虐待の現場は家です。家は普通、そこに帰り、また暮らす場所です。特に子供にとっては、そこでどんな出来事が待っていようとも〝帰らないわけにはいかない〟。

また、侵害の苛酷な状況において、人間は自分を守るために〝適応〟しようとします。例えば、ナチスの強制収容所での様子を、V・E・フランクルはつぎのように描写しています。

苦悩する者、病む者、死につつある者、死者―これらすべては数週の収容所生活の後には当たり前の眺めになってしまって、もはや人の心を動かすことができなくなるのである。しかし、この無感動こそ、当時囚人の心をつつむ最も必要な装甲であった。（『夜と霧』みすず書房　一九六一年）

この状況は深刻です。侵害を耐えるための防衛が、自らに加えられる侵害に対する無感動をもたらし、結果的にその侵害が継続していくという状況と密接につながっていくからです。またこの「適応」は、いわゆるＤＶにおける「長期性反復性心的外傷」としても指摘されています。日常的に暴力にさらされている被害者は、やがて「主人・奴隷的パーソナリティ形成」を行い、「孤立感と無力感」に襲われ、「虚偽的恩恵に対する感謝」によって、みずからに加えられる暴力を継続的に受けいれてしまう（日本ＤＶ防止・情報センター『ドメスティックバイオレンスへの視点』朱鷺書房　一九八〇年）。これも一種の適応であって、心理的防衛反応たる適応自体が侵害を継続させてしまうという恐ろしい状況です。

2　永続する

人権侵害は、その直接的な侵害が終わった後でも、被害者を苦しめます。強制収容所から奇跡的に生還した人々の中にも多くの自殺者がいました。悪夢やフラッシュバックなど、単に苦しい思い出というレベルを超えて、被害者にとっては「今ここで」展開されているかのごとくよみがえってくるのです。こういった後遺症を、いわゆるトラウマといいます。トラウマの特徴を、西澤哲氏は「経験の瞬間冷凍」(『子供のトラウマ』講談社現代新書一九九五年)と、まことに巧妙に表現しています。

また、人権侵害という苛酷な体験は、その後の体験理解の枠として頑固に出来事の解釈を縛ります。この縛りによって、被害者は、侵害後の、侵害とは関係のない出来事をも、その侵害のフィルターを通してしか理解できなくなります。したがって、その後被害者に起こる出来事のことごとくが、凄《せい》惨な体験を追体験するということになってしまいます。ナチスの収容所に子供の時に収容され、辛酸をなめながら奇跡的に生還した経験をつづったドキュメントとして、ビンヤミン・ヴィルコミルスキーの『断片』(大月書店一九九七年)という本があります。ここでつぎのような場面が描かれています。生還後スイスの小学校に通うことになったビンヤミン少年は、ナチスの蛮行などまるでなかったかのような平和なこの小学校で、ただ一人の収容所体験の持ち主として孤独に過ごしていました。ある日、教室で先生がウィルヘルム・テルのお話を子供にしました。

「ここに何がある?」と、先生はつづけて質問する。「テル! ウィルヘルム・テル! 弓!」、あちらこちらからの椅子からいっせいに声があがる。「どう、何が見える? この絵を説明してごらん」と、先生はずっとぼくの方を向いたまま言う。「……ぼくにはSS(ナチス親衛隊—引用者注)の男が見える……」、ぼくはためらいながら言う。「そして子供を狙って射っている」と、いそいでつけ加える。教室中どっと割れるような大笑いだ。

おそらく「先生」が見せたものは、テルが自分の子供の頭の上のリンゴを見事に射貫く有名な場面でしょう。しかし、ビンヤミン少年には、大人が何か武器を持って子供を狙っている場面というのは、収容所での子供の処刑の場面以外の何物でもないわけです。少年は戦慄します。そしてこの戦慄は永続します。

3 連鎖する

また人権侵害は連鎖する傾向があります。暴力的な人間関係は、衝動や感情の爆発ではなく、「人間関係とはこんな関係だ」ということを学習することによって受け継がれていく場合があります。藤木美奈子氏は、少女時代に義理の父からの性的暴力、結婚した後の夫の暴力に苦しんだ経験をお持ちですが、つぎのような体験を紹介しています。

ある日、私たちは、彼（夫）の両親の家に行った。前夜にまた暴力をふるわれた私の唇は傷ができ、腫れあがっていた。私が台所から料理を運びこもうと、居間の戸に手をかけたとき、話し声が聞こえてきた。それは彼の父親が、親として彼に諭す言葉だった。「お前なあ、どうせやるんやったら、見えへんとこにやったらどうや」。心が冷えきる瞬間とは、こういうときのことを言うのだろうか。彼は女性への暴力を肯定する家庭に育っていたのだった。（『囚われた女たち』ライブストーン社　一九九五年）

これは、暴力的な家庭に育ったら暴力的になるという因果関係を主張しているのでは、決してありません。むしろそういう家庭に育ったからこそ、暴力は許さないという人が育つということも多い。ただケースとして、人権侵害は学習によって受け継がれ、暴力が暴力を呼ぶという連鎖があることはたしかのようです。

また暴力の連鎖で、丸山真男氏の言う「抑圧移譲」現象もあります。暴力のストレスがより弱い部分に移行しながら連鎖していくということです。例えば夫が配偶者に暴力をふるうと、母親はそのストレスを子供への暴力によって解消するという場合です。

4 被害者へ責任が転嫁される

さきほど紹介しました人権侵害正当化論での中の「〝おまえが悪い〟論」にあたります。典型的なのが性暴力の場合です。心理カウンセラーの井上摩耶子氏が、性暴力において典型的にみられる、被害者への責任転嫁のパターンとその間違いを指摘しています。

「助けを呼ばなかったのは、状況を受け入れていたからだ」↔体力的に圧倒的に勝る男性を前に、恐怖で金縛りにあったような状態になり声もでないというのが現場の実態。「被害者になりやすい人がいる」↔だれもが被害者になり得る。「その場で抵抗すべき」↔脅迫をともなう場合があるし、抵抗したら殺されるという恐怖（実際そういう事件もある）がある、などなど。（『朝日新聞』2000・3・22付）

また、これはなんともやりきれないことですが、被害者自身が自分で自分に責任転嫁をしてしまう場合があります。最近では、過労自殺の場合がそうです。被害者の遺書からは、自分を死に追いやった企業に対する怨嗟《えんさ》よりも、企業の要求に応えることができなかった自分のふがいなさを恥じるという内容が多いのです。これは自殺に至る過程で、被害者が鬱《うつ》病を発症し、その特徴である自責の念に囚《とら》われてしまっているということにも起因しています。しかし、それはあくまで病気の結果であって、死に追いやった企業の責任が問われなくてよいはずはありません。また逆に、被害者が自分に責任を転嫁したからといって、〝実際に〟被害者が責任を追うべきだということではないわけです（川人博『過労自殺』岩波新書　一九九八年）。

5　自己評価の歪みをもたらす

人権侵害の被害にあった人が、不当に自己を低く見積もってしまうことがあります。特に、性暴力の被害にあった女性は、性に関する日本のダブルスタンダードや司法手続きをめぐる困難さから、自分を責めがちです。さきほど紹介した藤木美奈子氏は、自らに加えられた性的暴力と、周囲の無理解について、つぎのように回顧しています。

私たちが最も恐れるべきもの、忌むべきもの、憂えるものがあるとすれば、不幸にしてこのような不遇の出来事に遭遇した子供たちの多くが、生涯にわたっていだきつづける「自責の念」であろう。私はこれによってこの後の人生を深い悲しみと、強烈な自己無価値感を持って生きつづけることになる。そしてこれらは私の人生の分岐点において、つねに私をより一層なげやりな方向へと導く要因となりつづけた。

彼女が暴力夫と結婚したということはすでに紹介しました。これが結婚という「人生の分岐点」において「一層なげやりな方向」の果てに彼女が選んでしまったものでした。

三　人権を護るために

1　歴史を知る

いろいろな意味で歴史を学ぶことは大切なことです。まず、歴史的な事実を知らなければ、現在のことはわからない。これは特に人権の問題についてあてはまります。「日本国憲法」における人権規定は、ほぼ例外なしに歴史的な反省を背景に持っています。たとえば二〇条の「信教の自由」の規定は、そのまま信仰における内面の自由をまもるために、国家権力からの自由を保証した規定ですが、やはり歴史的には国家神道の問題への反省とその復活の防止を目的としています。

また、二六条の「教育を受ける権利」の中にある「義務教育の無償」は、現在でこそ当然で、あたかも憲法誕生と同時に実現したと思われていますが、実はこの規定は、一九六〇年代から、四国の母親たちの部落解放運動を起点にして実現したものです。文字通り「国民の不断の努力によって保持」するものとして人権を捉えるために、歴史を学ぶことは不可欠です。

さらにいえば、特に『心のノート』の問題で明らかにしたように、日本国家の人権侵害の方法は、歴史的にはほぼ一貫したものです。だから、歴史をひもとくということが現在起こっている事態の本質、その背後にある国家権力の意図を明白にすることに非常に役に立つわけです。

2 国という枠を超える

今日新しいナショナリズムが、国家神道の復活を伴ってしだいに醸成される中、「くに」という呪縛から解放されることの大切さを強調しておきたいと思います。人間をみる眼差しと行動の基準を、七三一部隊の秋元寿恵夫医師とリトアニア日本領事館の外交官であった杉原千畝氏に学びたいと思います。彼らはそれぞれの状況で、「日本人としての自分」と「人間としての自分」との溝を直視し、それをごまかすことなく、最終的に「個人として相手を見る」という眼差しと「人間として行動する」という立場を選択したのでした。

3 自分を過大評価しない

読者の多くは、この本で紹介したさまざまな人権侵害の事例を知って、「私ならあんなことは絶対しない」とお考えになったと思います。また、侵害された人はなんと不幸な人々なのかと、深い同情を寄せられたかもしれません。しかしS・ミルグラムの「アイヒマン実験」が示しているように、善良な一般市民も人権侵害者たり得るのです。人権侵害に加担しないために大切なのは、自分は侵害をしないという〝自信〟ではなく、むしろ状況によって強制されれば、自分も人権侵害に加担し、みずからも被害者になり得るという〝不安〟なのです。この不安こそが、自らをとりまく状況を鋭く批判する原動力なのです。私の授業で人権侵害の歴史の話を聞いて恐ろしくなり、「自分もひょっとしたら〝あんなこと〟をしたかもしれない、そう思うと不安です」という感想をもらされることがあります。むしろそれでいいのです。その不安が大切なのです。その不安が適当に解消されることを私はむしろ恐れます。「悪魔は優しくノックする」という諺があります。不安を感じ取っているということは、その事態に潜む何かを感じ取っているわけです。物事を認識するということにおいて、不安は無愛想な友ですが、安楽は愛想のいい敵なのです。

4　靖国からの解放

第三章の最後で「靖国思想からの解放」について述べました。靖国思想というのは、この国の人権侵害の縮図のようなものです。靖国思想からの解放で述べたことは、実はこの国で人権を護《まも》るためのヒントとほとんど重なっているのです。最後にこのことを付け加えておきたいと思います。

【付　録】日本国憲法・教育基本法

『日本国憲法』（抄）

昭和二十一（一九四六）年十一月三日　公布
昭和二十二（一九四七）年五月三日　施行（原文は旧字体）

前文

日本国民は、正当に選挙された国会における代表者を通じて行動し、われらとわれらの子孫のために、諸国民との協和による成果と、わが国全土にわたつて自由のもたらす恵沢を確保し、政府の行為によつて再び戦争の惨禍が起ることのないやうにすることを決意し、ここに主権が国民に存することを宣言し、この憲法を確定する。そもそも国政は、国民の厳粛な信託によるものであつて、その権威は国民に由来し、その権力は国民の代表者がこれを行使し、その福利は国民がこれを享受する。これは人類普遍の原理であり、この憲法はかかる原理に基くものである。われらは、これに反する一切の憲法、法令及び詔勅を排除する。

日本国民は、恒久の平和を念願し、人間相互の関係を支配する崇高な理想を深く自覚するのであつて、平和を愛する諸国民の公正と信義に信頼して、われらの安全と生存を保持しようと決意した。われらは、平和を維持し、専制と隷従、圧迫と偏狭を地上から永遠に除去しようと努めている国際社会において、名誉ある地位を占めたいと思ふ。われらは、全世界の国民が、ひとしく恐怖と欠乏から免かれ、平和のうちに生存する権利を有することを確認する。

われらは、いづれの国家も、自国のことのみに専念して他国を無視してはならないのであつて、政治道徳の法則は、普遍的なものであり、この法則に従ふことは、自国の主権を維持し、他国と対等関係に立たうとする各国の責務であると信ずる。

日本国民は、国家の名誉にかけ、全力をあげてこの崇高な理想と目的を達成することを誓ふ。

第一章　天皇

第一条【天皇の地位・国民主権】

天皇は、日本国の象徴であり日本国民統合の象徴であつて、この地位は、主権の存する日本国民の総意に基く。

第二章　戦争の放棄

第九条【戦争放棄、軍備及び交戦権の否認】

1　日本国民は、正義と秩序を基調とする国際平和を誠実に希求し、国権の発動たる戦争と、武力による威嚇又は武力の行使は、国際紛争を解決する手段としては、永久にこれを放棄する。

2　前項の目的を達するため、陸海空軍その他の戦力は、これを保持しない。国の交戦権は、これを認めない。

第三章　国民の権利及び義務

第十条【日本国民の要件】

日本国民たる要件は、法律（国籍法）でこれを定める。

第十一条【基本的人権の享有と性質】

国民は、すべての基本的人権の享有を妨げられない。この憲法が国民に保障する基本的人権は、侵すことのできない永久の権利として、現在及び将来の国民に与へられる。

第十二条【自由・権利の保持義務、濫用の禁止、利用の責任】

この憲法が国民に保障する自由及び権利は、国民の不断の努力によつて、これを保持しなければならない。又、国民は、これを濫用してはならないのであつて、常に公共の福祉のためにこれを利用する責任を負ふ。

第十三条【個人の尊重、生命・自由・幸福追求の権利の尊重】

すべて国民は、個人として尊重される。生命、自由及び幸福追求に対する国民の権利については、公共の福祉に反しない限り、立法その他の国政の上で、最大の尊重を必要とする。

第十四条【法の下の平等、貴族制度の否認、栄典の限界】

1　すべて国民は、法の下に平等であつて、人種、信条、性別、社会的身分又は門地により、政治的、経済的又は社会的関係において、差別されない。
2　華族その他の貴族の制度は、これを認めない。
3　栄誉、勲章その他の栄典の授与は、いかなる特権も伴はない。栄典の授与は、現にこれを有し、又は将来これを受けるものの一代に限り、その効力を有する。

第十五条【公務員の選定罷免権、公務員の性質、普通選挙と秘密投票の保障】

1　公務員を選定し、及びこれを罷免することは、国民固有の権利である。
2　すべて公務員は、全体の奉仕者であつて、一部の奉仕者ではない。
3　公務員の選挙については、成年者による普通選挙を保障する。
4　すべて選挙における投票の秘密は、これを侵してはならない。選挙人は、その選択に関し公的にも私的にも責任を問はれない。

第十六条【請願権】

何人も、損害の救済、公務員の罷免、法律、命令又は規則の制定、廃止又は改正その他の事項に関し、平穏に請願する権利を有し、かかる請願をしたためにいかなる差別待遇も受けない。

第十七条【国及び公共団体の賠償責任】

何人も、公務員の不法行為により、損害を受けたときは、法律（国家賠償法）の定めるところにより、国又は公共団体に、その賠償を求めることができる。

第十八条【奴隷的拘束及び苦役からの自由】
何人も、いかなる奴隷的拘束も受けない。又、犯罪に因る処罰の場合を除いては、その意に反する苦役に服させられない。

第十九条【思想及び良心の自由】
思想及び良心の自由は、これを侵してはならない。

第二十条【信教の自由、国の宗教活動の禁止】
1 信教の自由は、何人に対してもこれを保障する。いかなる宗教団体も、国から特権を受け、又は政治上の権力を行使してはならない。
2 何人も、宗教上の行為、祝典、儀式又は行事に参加することを強制されない。
3 国及びその機関は、宗教教育その他いかなる宗教的活動もしてはならない。

第二十一条【集会・結社・表現の自由、検閲の禁止、通信の秘密】
1 集会、結社及び言論、出版その他一切の表現の自由は、これを保障する。
2 検閲は、これをしてはならない。通信の秘密は、これを侵してはならない。

第二十二条【居住・移転・職業選択の自由、外国移住・国籍離脱の自由】

1　何人も、公共の福祉に反しない限り、居住、移転及び職業選択の自由を有する。

2　何人も、外国に移住し、又は国籍を離脱する自由を侵されない。

第二十三条【学問の自由】

学問の自由は、これを保障する。

第二十四条【家族生活における個人の尊厳と両性の平等】

1　婚姻は、両性の合意のみに基いて成立し、夫婦が同等の権利を有することを基本として、相互の協力により、維持されなければならない。

2　配偶者の選択、財産権、相続、住居の選定、離婚並びに婚姻及び家族に関するその他の事項に関しては、法律は、個人の尊厳と両性の本質的平等に立脚して制定されなければならない。

第二十五条【生存権、国の生存権保障義務】

1　すべて国民は、健康で文化的な最低限度の生活を営む権利を有する。

2　国は、すべての生活部面について、社会福祉、社会保障及び公衆衛生の向上及び増進に努めなければならない。

第二十六条【教育を受ける権利、教育の義務、義務教育の無償】

1　すべて国民は、法律（教育基本法第三条第二項）の定めるところにより、その能力に応じて、ひとしく教育を受ける権利を有する。

2　すべて国民は、法律（教育基本法第四条）の定めるところにより、その保護する子女に普通教育を受けさせる義務を負ふ。義務教育は、これを無償とする。

第二十七条【労働の権利・義務、労働条件の基準、児童酷使の禁止】

1　すべて国民は、勤労の権利を有し、義務を負ふ。

2　賃金、就業時間、休息その他の勤労条件に関する基準は、法律（労働基準法）でこれを定める。

3　児童は、これを酷使してはならない。

第三十一条【法定手続の保障】

何人も、法律（刑事訴訟法等）の定める手続によらなければ、その生命若しくは自由を奪はれ、又はその他の刑罰を科せられない。

第三十二条【裁判を受ける権利】

何人も、裁判所において裁判を受ける権利を奪はれない。

第三十三条【逮捕に対する保障】

何人も、現行犯として逮捕される場合を除いては、権限を有する司法官憲が発し、且つ理由となつてゐる犯罪を明示する令状によらなければ、逮捕されない。

第三十四条【抑留・拘禁に対する保障】

何人も、理由を直ちに告げられ、且つ、直ちに弁護人に依頼する権利を与へられなければ、抑留又は拘禁されない。又、何人も、正当な理由がなければ拘禁されず、要求があれば、その理由は、直ちに本人及びその弁護人の出席する公開の法廷で示されなければならない。

第三十五条【住居侵入・捜索・押収に対する保障】

1　何人も、その住居、書類及び所持品について、侵入、捜索及び押収を受けることのない権利は、第三十三条の場合を除いては、正当な理由に基いて発せられ、且つ捜索する場所及び押収する物を明示する令状がなければ、侵されない。

2　捜索又は押収は、権限を有する司法官憲が発する各別の令状により、これを行ふ。

第三十六条【拷問及び残虐な刑罰の禁止】

公務員による拷問及び残虐な刑罰は、絶対にこれを禁止する。

第三十七条【刑事被告人の諸権利】

1　すべて刑事事件においては、被告人は、公平な裁判所の迅速な公開裁判を受ける権利を有する。

2　刑事被告人は、すべての証人に対して審問する機会を充分に与へられ、又、公費で自己のために強制的手続により証人を求める権利を有する。

3　刑事被告人は、いかなる場合にも、資格を有する弁護人を依頼することができる。被告人が自らこれを依頼することができないときは、国でこれを附する。

第三十八条【不利益な供述の強要禁止、自白の証拠能力】

1　何人も、自己に不利益な供述を強要されない。

2　強制、拷問若しくは脅迫による自白又は不当に長く抑留若しくは拘禁された後の自白は、これを証拠とすることができない。

3　何人も、自己に不利益な唯一の証拠が本人の自白である場合には、有罪とされ、又は刑罰を科せられない。

第三十九条【刑罰法規の不遡及、二重刑罰の禁止】

何人も、実行の時に適法であつた行為又は既に無罪とされた行為については、刑事上の責任を問はれない。又、同一の犯罪について、重ねて刑事上の責任を問はれない。

第四十条【刑事保障】

何人も、抑留又は拘禁された後、無罪の裁判を受けたときは、法律（刑事補償法）の定めるところにより、国にその補償を求めることができる。

第十章　最高法規

第九十七条【基本的人権の本質】

この憲法が日本国民に保障する基本的人権は、人類の多年にわたる自由獲得の努力の成果であつて、これらの権利は、過去幾多の試練に堪へ、現在及び将来の国民に対し、侵すことのできない永久の権利として信託されたものである。

第九十八条【憲法の最高法規性、条約・国際法規の遵守】

1　この憲法は、国の最高法規であつて、その条規に反する法律、命令、詔勅及び国務に関するその他の行為の全部又は一部は、その効力を有しない。

2　日本国が締結した条約及び確立された国際法規は、これを誠実に遵守することを必要とする。

第九十九条【憲法尊重擁護の義務】

天皇又は摂政及び国務大臣、国会議員、裁判官その他の公務員は、この憲法を尊重し擁護する義務を負ふ。

マッカーサー原案十二条

コノ憲法ニヨリ宣言セラルル自由、権利及機会ハ人民ノ不断ノ監視ニヨリ確保セラルルモノニシテ人民ハソノ濫用ヲ防キ常ニコレヲ共同ノ福祉ノ為ニ行使スル義務ヲ有ス

『教育基本法』

昭和二十二年三月三十一日
法律第二十五号

教育基本法

われらは、さきに、日本国憲法を確定し、民主的で文化的な国家を建設して、世界の平和と人類の福祉に貢献しようとする決意を示した。この理想の実現は、根本において教育の力にまつべきものである。

われらは、個人の尊厳を重んじ、真理と平和を希求する人間の育成を期するとともに、普遍的にしてしかも個性ゆたかな文化の創造をめざす教育を普及徹底しなければならない。

ここに、日本国憲法の精神に則り、教育の目的を明示して、新しい日本の教育の基本を確立するため、この法律を制定する。

第一条（教育の目的）

教育は、人格の完成をめざし、平和的な国家及び社会の形成者として、真理と正義を愛し、個人の価値をたつとび、勤労と責任を重んじ、自主的精神に充ちた心身ともに健康な国民の育成を期して行われなければならない。

第二条（教育の方針）

教育の目的は、あらゆる機会に、あらゆる場所において実現されなければならない。この目的を達成するためには、学問の自由を尊重し、実際生活に即し、自発的精神を養い、自他の敬愛と協力によつて、文化の創造と発展に貢献するように努めなければならない。

第三条（教育の機会均等）

すべて国民は、ひとしく、その能力に応ずる教育を受ける機会を与えられなければならないものであつて、人種、信条、性別、社会的身分、経済的地位又は門地によって、教育上差別されない。
国及び地方公共団体は、能力があるにもかかわらず、経済的理由によって修学困難な者に対して、奨学の方法を講じなければならない。

第四条（**義務教育**）

国民は、その保護する子女に、九年の普通教育を受けさせる義務を負う。
国又は地方公共団体の設置する学校における義務教育については、授業料は、これを徴収しない。

第五条（**男女共学**）

男女は、互に敬重し、協力し合わなければならないものであって、教育上男女の共学は、認められなければならない。

第六条（**学校教育**）

法律に定める学校は、公の性質をもつものであって、国又は地方公共団体の外、法律に定める法人のみが、これを設置することができる。
法律に定める学校の教員は、全体の奉仕者であって、自己の使命を自覚し、その職責の遂行に努めなければならない。このためには、教員の身分は、尊重され、その待遇の適正が、期せられなければならない。

第七条（**社会教育**）

家庭教育及び勤労の場所その他社会において行われる教育は、国及び地方公共団体によつて奨励されなければならない。

国及び地方公共団体は、図書館、博物館、公民館等の施設の設置、学校の施設の利用その他適当な方法によつて教育の目的の実現に努めなければならない。

第八条（**政治教育**）

良識ある公民たるに必要な政治的教養は、教育上これを尊重しなければならない。

法律に定める学校は、特定の政党を支持し、又はこれに反対するための政治教育その他政治的活動をしてはならない。

第九条（**宗教教育**）

宗教に関する寛容の態度及び宗教の社会生活における地位は、教育上これを尊重しなければならない。

国及び地方公共団体が設置する学校は、特定の宗教のための宗教教育その他宗教的活動をしてはならない。

第十条（教育行政）

教育は、不当な支配に服することなく、国民全体に対し直接に責任を負つて行われるべきものである。

教育行政は、この自覚のもとに、教育の目的を遂行するに必要な諸条件の整備確立を目標として行われなければならない。

第十一条（補則）

この法律に掲げる諸条項を実施するために必要がある場合には、適当な法令が制定されなければならない。

附則

この法律は、公布の日から、これを施行する。

あとがき

この本を書きはじめた時、ふと思い出した言葉があった。その言葉が載っている本を開いてみた。少し長いが引用してみる。

コペル君、この困難を思ってから、仏像が日本に渡来したという、あの出来事を考えてごらん。大変なことじゃあないか。「学問や芸術に国境はない。」こういう言葉は、君もどこかで聞いたことがあるだろうね。全くこの言葉のとおりだ。ヒマラヤ山脈とか、ヒンズークシ山脈とか、崑崙《こんろん》山脈とか、アジア大陸の背骨といわれているけわしい山脈も、また、タクラマカンのような大沙漠も、結局、すぐれた芸術の前進をさまたげることが出来なかったんだ。（略）そして、世界歴史からいえば、まだ子供みたいなものだったけれど、日本人は、すぐれたものはすぐれたものとして感心し、ちゃんとその値打がわかるだけの心をもっていたんだね。遠い異国の文物でも、すぐれたものには心から感心して、それを取り入れ、日本の文明をぐんぐんと高めていった。そうして、日本人も、人類の進歩の歴史を、日本人らしく進めていったんだ。（吉野源三郎『君たちはどう生きるか』岩波文庫 一

九八二年）

この『君たちはどう生きるか』は、「天皇機関説事件」の年、一九三五年、軍部が次第に政治をも牛耳り、日本が国際社会から孤立していく時代に書かれたものだ。少年コペル君の成長にたくして、「いかに生きるべきか」という問いと「いかに社会を認識していくのか」という問いが不可分のものとして一つの大きな問いとなることの大切さを示した名著である。「文明の衝突」概念によって世界の対立の恒常性を弁証し、そこに立脚して「ヨーロッパ文明」の優位を確保しようという議論に比して、なんと品格のある文章だろう。その国が「文化国家、道義国家」であるということは、たとえそれを語ることが困難で危険な時代であっても、あえてこういう言葉を語れる人間がいるということだろう。

文明は、むしろ異なるがゆえに融合を求め、融合によってより豊かになる。「衝突」するのは、むしろ政治であり、国家利害なのだという、基本的な発想が出て来たのは、この言葉による。

現在の世界は、アメリカによるイラク攻撃、有事法制の成立、「新たな仮想敵国」北朝鮮への憎悪、下劣で無教養な国粋主義の台頭など、あまりいい時代とはいえない。そして問題は、状況そのものよりも、その底流に流れている、他者の苦悩に思いを馳《は》せることへの拒否であると、私は考えている。

そこには、世界からの孤立を深めて行く中であえて語られた「ぼくたちの先祖は、知らないままに、世界歴史からは、やはり切り離されていなかったんだ。」（同じく『君たちはどう生きるか』）という発想とは、むしろ逆の発想がある。状況としては国際社会の一員として存在する条件が整っているにもかかわらず、幼稚な共同体のナルシシズムを土台に、あえて語られた自己閉鎖がある。

こういう時代にあって、第二章でふれたように、ますます価値観が国家に収斂され、その画一化のために、自分の頭で考えない人間、「なぜ？」と自分の問いを発しない人間が増産されるだろう。自立と自律としての人権思想の重要性を、声を大にして叫ばねばならないと私は思っている。自立と自律の確保、それは言い換えればこういうことだ。「なぜ？を忘れるな！」

今、この原稿を書いている時、隣の部屋にいる三つになる娘の声が聞こえてくる。寝る前に本を読んでくれている母親に「なんで？　なんで？」攻撃を加えているのだろう。しかし今だけではなく、大人になっても、分からないことや納得できないことに対して「なんで？」と問うことを忘れないでほしいと思う。

最後になったが、前著で一緒に仕事をさせていただいた小笠原正仁氏には、今回の仕事にあたっても有益なアドバイスをいただいた。また明石書店の社長石井昭男氏そして担当の高橋淳氏からは、ありがたい激励をいただいた。また古くからの友人で大阪の高等学校の社会科教員である西島智徳君には、関連新聞記事のチェックでお世話になった。また、軍事関連情報の入手では、友人の僧侶山上正尊君の手をわずらわせた。この場を借りて、感謝の言葉を述べておきたい。

二〇〇四年五月

神戸　修

＜著者略歴＞

神戸　修（こうべ　おさむ）

1960年大阪市生まれ。龍谷大学大学院文学研究科博士課程単位取得退学。龍谷大学仏教文化研究所共同研究員を経て、現在、大阪芸術大学短期大学部講師（人権論担当）。

浄土真宗本願寺派僧侶（大阪教区所属）、同派布教使、財団法人同和教育振興会事業部会員。

〈著書〉『戦時教学と浄土真宗－ファシズム下の仏教思想－』（社会評論社 1995年）、『人権理解の視座－自立と自律を求めて－』（共著 明石書店 2002年）、『「ケガレ」を考える－差別と排除－』（同和教育振興会 2003年）

〈論文〉「商品化される死の儀礼」（『あの世とこの世』所収 小学館 1997年）、「ある仏教系大学の戦争責任」（『不思議の国の大学改革』所収 社会評論社 1995年）、「日本における戦争正当化理論」（『女性・戦争・人権』創刊号所収「女性・戦争・人権学会」編 三一書房 1997年）、「宗教と社会」（『同和教育論究』21号所収 財団法人同和教育振興会 2001年）他

人権侵害と戦争正当化論

2004年5月31日　初版第1刷発行
2014年11月20日　初版第3刷発行

著　者　神　戸　　修
発行者　石　井　昭　男
発行所　株式会社 明石書店
〒101-0021　東京都千代田区外神田 6-9-5
電　話　03 (5818) 1171
FAX　03 (5818) 1174
振　替　00100-7-24505
http://www.akashi.co.jp/

組版　レウム・ノビレ
装丁　明石書店デザイン室
印刷　株式会社デジタルパブリッシングサービス
製本　株式会社デジタルパブリッシングサービス

(定価はカバーに表示してあります)　ISBN978-4-7503-1914-8

人権教育のためのコンパス［羅針盤］学校教育・生涯学習で使える総合マニュアル
ヨーロッパ評議会企画　福田 弘訳
◉4000円

人権教育総合年表　同和教育、国際理解教育から生涯学習まで
上杉孝實、平沢安政、松波めぐみ編
◉4600円

人権の精神と差別・貧困　憲法にてらして考える
世界人権問題叢書83　内野正幸
◉3000円

現代の貧困と不平等　日本・アメリカの現実と反貧困戦略
明石ライブラリー105　青木 紀、杉村 宏編著
◉3000円

国際人権百科事典
ロバート・L・マデックス著　関西学院大学人権教育研究室監修
◉15000円

世界格差・貧困百科事典
駒井 洋監修　穂坂光彦監訳
◉38000円

戦争社会学　理論・大衆社会・表象文化
好井裕明、関 礼子編著
◉3800円

難民を知るための基礎知識　政治と人権の葛藤を越えて
滝澤三郎、山田 満編著
◉2500円

10代がつくる平和新聞　ひろしま国
中国新聞社編
◉1800円

かわはら先生の憲法出前授業　よくわかる改憲問題
高校生と語りあう日本の未来　川原茂雄
◉1400円

いる？　いらない？　憲法9条改正よりあぶない!?　よくわかる緊急事態条項Q&A
永井幸寿
◉1600円

えほん 日本国憲法　しあわせに生きるための道具
野村まり子絵・文　笹沼弘志監修
◉1600円

外国人の人権へのアプローチ
近藤 敦編著
◉2400円

平和のために捧げた生涯　ベルタ・フォン・ズットナー伝
世界人権問題叢書96　ブリギッテ・ハーマン著　糸井川 修、中村実夫、南 守夫訳
◉6500円

ヘイトスピーチ　表現の自由はどこまで認められるか
エリック・ブライシュ著　明戸隆浩、池田和弘、河村 賢、小宮友根、鶴見太郎、山本武秀訳
◉2800円

正義のアイデア
アマルティア・セン著　池本幸生訳
◉3800円

〈価格は本体価格です〉